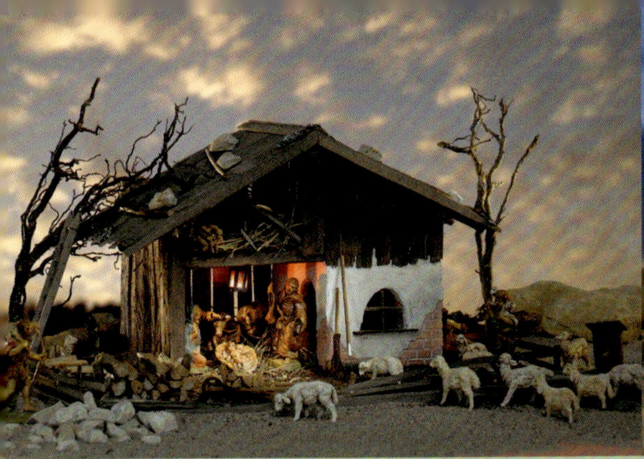

Liebe Krippenfreunde!

Besonders im alpenländischen Raum, aber auch in vielen anderen Gegenden, werden in der Adventszeit in den Wohnungen Krippen aufgestellt. Dieser alte Brauch, die Geburt Christi bildhaft und räumlich darzustellen, wird bereits seit vielen Jahrhunderten gepflegt.

Über Generationen hinweg haben viele Menschen die meist selbst gefertigten Weihnachtskrippen wie einen Schatz gehütet, Jahr für Jahr ausgebessert und erweitert. So entstanden kleine, oft ganz individuelle Kunstwerke, die ihren festen Platz in der weihnachtlich geschmückten Wohnung hatten.

Auch heute ist es in vielen Familien noch fester Brauch und eine gern gepflegte Tradition, die Weihnachtskrippe selbst zu basteln.

Dieses Buch soll Ihnen helfen, diese schöne Tradition zu bewahren oder neu zu entdecken und Sie gleichzeitig dazu anregen, beim gemeinsamen Basteln mit der Familie die Vorweihnachtszeit dazu zu nutzen sich auf das Fest des Friedens und der Freude einzustimmen.

Ihr

Krippe Schliersee

einfach und stimmungsvoll

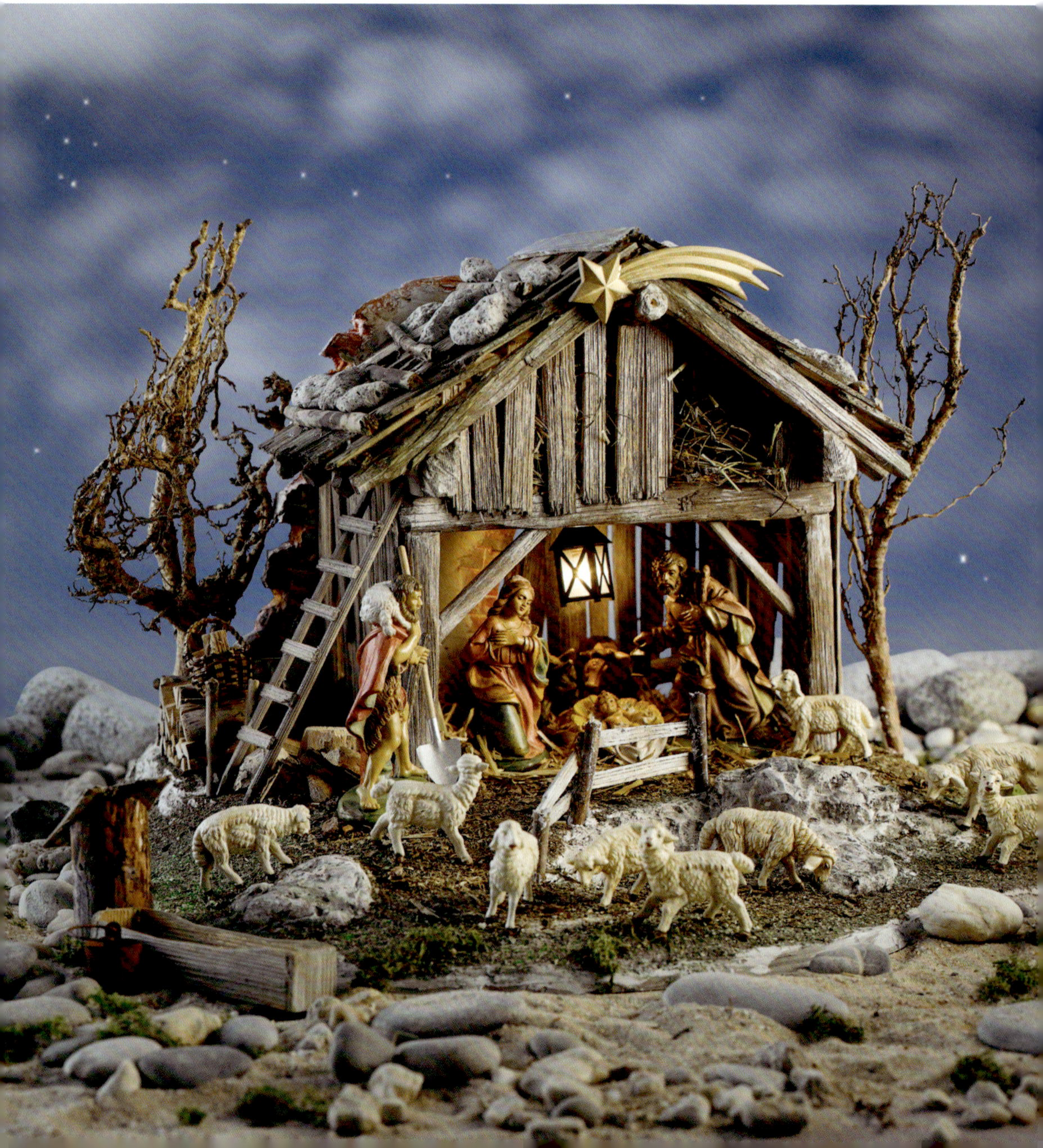

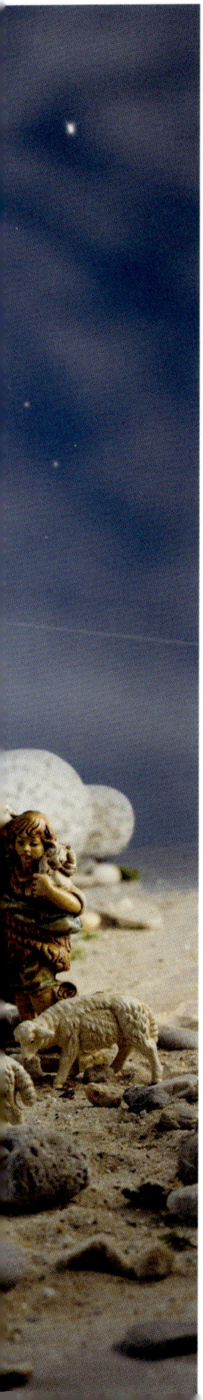

Diese Krippe ist ein einfacher Bretterstadl, der als Stall für Weidevieh und auch als Lager für Futter verwendet wird und im gesamten Alpenraum anzutreffen ist. Der Krippenstall ist mit etwas bastlerischem Geschick ohne große Mühen und mit verhältnismäßig wenig Aufwand einfach nachzubauen. Bei bereits vorhandenen, vorgeschnittenen Bauteilen ist mit einem zeitlichen Aufwand von 15 bis 20 Stunden zu rechnen.

Krippenfiguren: Der Stall eignet sich für Figuren von 8 bis 10 cm Größe.

Maße des Krippenstalls: Höhe 26 cm, Breite etwa 30 cm. Grundplatte mindestens 50 cm Breite, 40 cm Tiefe.

Da bei dem Modell auch ein Gelände gebaut wurde, wurde die kleinere Grundplatte später auf eine weitere, etwas größere Platte mit Schrauben und Heißkleber befestigt. (evtl. Pressspan 10 mm in beliebiger Größe) .

MATERIAL

- Vierkantleisten in Laufenden Metern, Fichtenholz
  - 2 cm x 2cm, ca. 1,30 lfm
  - 2 cm x 3 cm, ca. 0,50 lfm
  - 1,5 cm x 1,5 cm, ca. 0,20 lfm
  - 1,5 cm x 1,0 cm, ca. 1,70 lfm
  - 1,0 cm x 1,0 cm, ca. 1,30 lfm
  - eine Styrodurplatte 27 cm x 27 cm x 2 cm
  - 2-3 mm starke und 3–4 cm breite Holzbrettchen für das Dach und für die Bretterverkleidung (evtl. aus 4 bis 5 Obst– und/od. Salatkisten)
  - Spachtelmasse und Leim
  - einige Holzschrauben (Senkkopf 3,5 mm x 35 mm)
  - Beize in Grau- oder Brauntönen

Die Werkzeuge und sonstigen Materialien, die Sie benötigen, sind auf den Umschlagklappen aufgeführt.

Krippe Schliersee

Nr.	Bezeichnung	Profil	Maße in cm	Stück
1	Tragebalken	Vierkant	2 x 2 x 12	4
2	Querbalken	Vierkant	2 x 2 x 24	2
3	Pfetten	Vierkant	2 x 3 x 18	2
4	Firstbalken	Vierkant	2 x 2 x 19	1
5	Firstträger	Vierkant	1,5 x 1,5 x 10	2
6	Sparren	Vierkant	1,5 x 1 x 20	8
7	Querholme	Vierkant	1 x 1 x 12	4
8	Querholme	Vierkant	1 x 1 x 20	2
9	Streben	Vierkant	1 x 1 x 10	2
10	Mauer	Styrodur	27 x 27 x 2	1
11	Grundplatte	Pressspan	mind. 42 x 35	1

Montageskizze

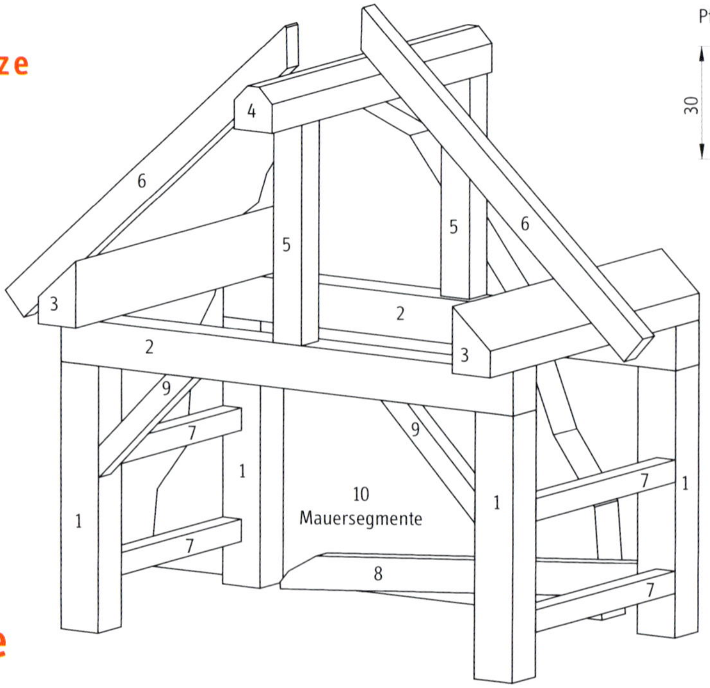

Pfette Nr. 3

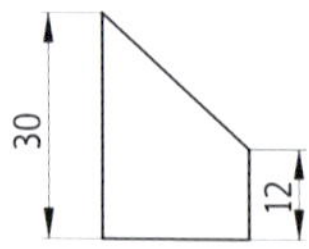

Alle Maße in mm

1. Montage

Grundgerüst

1 Bauteile nummerieren. Bei allen Tragebalken Nr. 1 mit einem scharfen, stabilen Messer die Kanten auf der ganzen Länge unregelmäßig brechen (nicht rund schnitzen). Die Flächen der Tragebalken mit einer Drahtbürste bürsten, bis die Holzmaserung deutlich wird. Die gebürsteten Flächen mit Schleifpapier glattschleifen.

2 Die Querbalken Nr. 2 und die Firstträger Nr. 5 wie die Tragebalken bearbeiten.

Einen der beiden Querbalken Nr. 2 auf den Stirnseiten zweier Tragebalken im rechten Winkel außen bündig verschrauben (Abstand zwischen den beiden Tragebalken innen 20 cm, Querholme evtl. vorbohren und ansenken).

Den zweiten Querholm Nr. 2 auf die gleiche Art mit den anderen beiden Tragebalken verschrauben.

3 Auf den beiden Querholmen Nr. 2 mittig jeweils einen Firstträger Nr. 5 senkrecht nach oben stehend verschrauben. Querholme vorbohren und Bohrung ansenken.

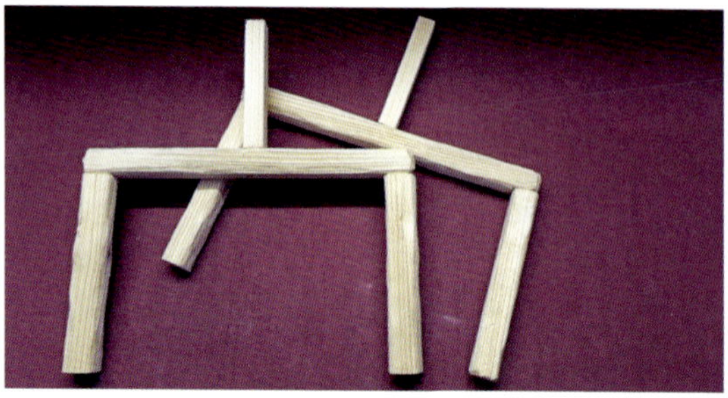

2. Grundplatte

1 Die beiden Gerüste von unten auf der Grundplatte verschrauben. Wird ein Gelände gebaut, Grundplatte auf einer kleineren Styrodurplatte oder auf einer etwas größeren Holzplatte befestigen. Bei der Styrodurplatte unten 1-2 mm dünne Holzbrettchen zur Stabilisierung mitverschrauben.

2 Standplatz der Tragebalken auf der Grundplatte ausmessen und kennzeichnen. Abstand des hinteren Gerüstteiles vom hinteren Rand der Grundplatte: ca. 3 cm. Der seitliche Abstand zur Grundplatte sollte nicht weniger als 5 cm betragen.

3 Grundplatte an den markierten Punkten vorbohren und Bohrungen unten ansenken.

Standplatz des vorderen Gerüstteils auf der Grundplatte ausmessen und markieren. Der Abstand zwischen den beiden Gerüstteilen (Innenmaß) sollte ca. 11 cm betragen. Wie beim hinteren Teil die Grundplatte vorbohren und Bohrung von unten ansenken.

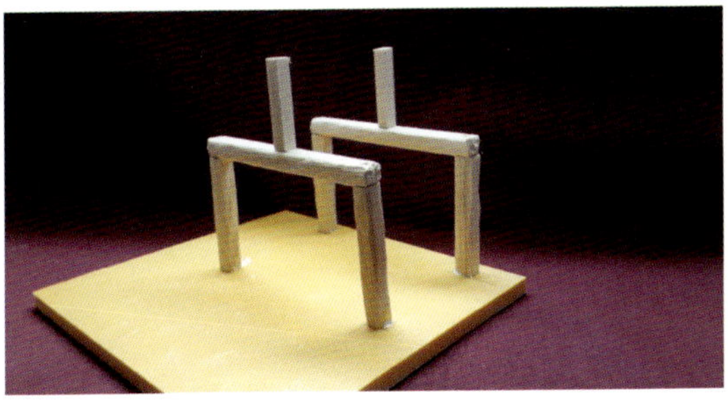

3. Pfetten

1 Die beiden Gerüstteile mit den beiden Pfetten Nr. 3 links und rechts in der Tiefe miteinander verbinden. Die Pfetten auf ihrer ganzen Länge hochkant mit einem scharfen Messer anschrägen.

Dann beide Pfetten im vorderen, später sichtbaren Bereich (3-4 cm) mit Messer, Drahtbürste und Schleifpapier bearbeiten.

2 Die Pfetten von oben (angeschrägte Seite) auf den Querholmen bzw. auf den Tragebalken verschrauben, hinten bündig und vorne mit einem Überstand von 3 cm, Schraubenbohrungen ansenken.

3 Den Firstbalken Nr. 4 beidseitig anschrägen, den vorderen, sichtbaren Bereich mit Messer, Bürste und Schleifpapier bearbeiten und von oben mit den beiden Firstträgern verschrauben. Hinten bündig vorne mit einem Überstand von 4 cm.

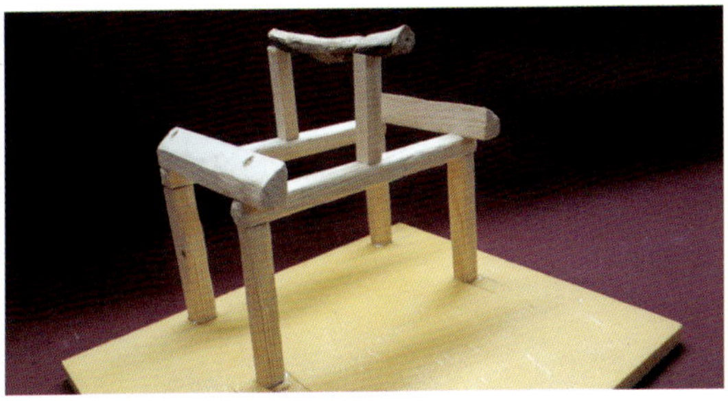

4. Mauersegment

Die Stallrückwand wurde in Teilen als altes eingestürztes Mauerteil gestaltet. Wer weniger Zeit aufbringen möchte, kann die Rückwand wie die übrigen Stallwände als Bretterverschlag gestalten. In diesem Fall weiter mit Nr. 5.

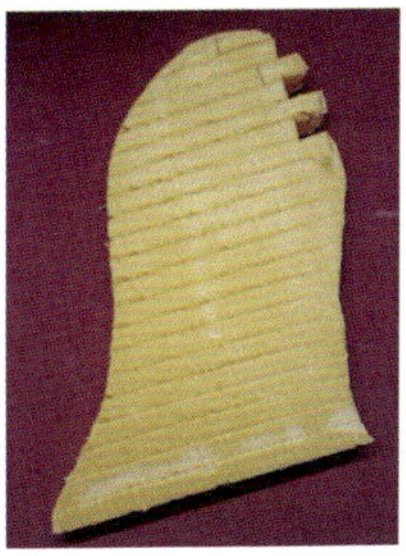

1 Das Mauersegment (Styrodur-Teil ca. 27 x 27 cm, 2 cm stark) nach eigener Vorstellung in Größe und Form schneiden. Anschließend mit einem Stift die Mauersteine auf die Oberfläche zeichnen/einritzen.

2 Mauersegment auf beiden Seiten und den Stirnseiten mit einer dünnen Schicht Spachtelmasse (1-2mm) überziehen (Gips mit Wasser und etwas Leim cremig verrühren). Um die Mauerfugen nicht weiß erscheinen zu lassen, dunkle Abtönfarbe in die Gipsmasse unterrühren. Mauer trocknen lassen.

3 Nach dem Trocknen die Vorderseite der späteren Mauer nochmals mit einer 1-2 mm dicken Schicht Gipsmasse überziehen. Die Schicht etwa 45 Min. antrocknen lassen. Dann mit einem spitzen Gegenstand Mauersteine (ca. 3 cm x 1 cm) in die obere, angetrocknete Gipsschicht einritzen. Die Mauer mit Schleifpapier leicht überarbeiten.

4 Nach dem Austrocknen die Mauersteine einzeln mit verschiedenen Rot-/ Braun –oder auch Gelbtönen streichen.

An den Bereichen, an denen die Mauer verputzt sein soll, erneut eine 2-3 mm starke Gipsmasse auftragen.

Um dem Mauersegment ein altes Aussehen zu geben, dieses mit einem mit brauner Farbe oder Patina getränkten alten Lappen abreiben.

5. Einpassen der Querholme

Die Querholme Nr. 7 zuschneiden und zwischen den vorderen und hinteren Tragebalken außen bündig einpassen. Mit Heißkleber festkleben (Abstand zur Grundplatte ca.4 cm und oben 9 cm).

Die Querholme Nr. 8 ebenfalls zuschneiden und auf die gleiche Weise hinten zwischen den rechten und den linken Tragebalken einpassen.

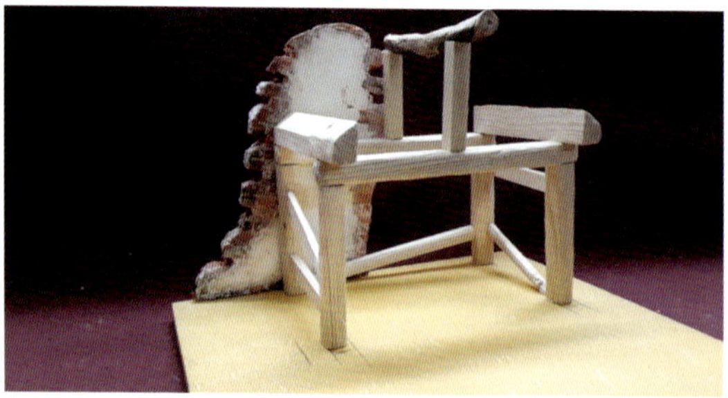

6. Dach – Beizen

1 Um den Heuboden einzubauen, dünne Holzbrettchen über die beiden Querbalken Nr. 3 legen und dort mit Heißkleber befestigen.

Wenn eine Beleuchtung vorgesehen ist, einen kleinen Haken von unten in eines der Holzbrettchen schrauben, um später daran eine Laterne zu befestigen (Lampenstecker nach Fertigstellung des Stadels nach hinten raus führen ggf. Brettchen entfernen und danach wieder ankleben).

2 Dachsparren Nr. 6 **hochkant und paarweise** über den Firstbalken zu den Pfetten links und rechts legen und mit Heißkleber befestigen.

Vorher Sparren an der Stirnseite so anschrägen, dass sie am Firstbalken bündig zusammenstoßen und der Überstand seitlich an den Pfetten etwa 3 cm beträgt.

Sparrenüberstand und die beiden vorderen Sparrenpaare vorher mit Messer, Drahtbürste und Schleifpapier sorgfältig bearbeiten.

Das vordere Sparrenpaar hochkant, vorne bündig mit den Pfettenenden mit Heißkleber befestigen - Firstbalken steht 1 cm über.

3 Zweites –bearbeitetes- Sparrenpaar senkrecht über dem vorderen Querbalken anbringen und mit Heißkleber auf den Pfetten aufkleben.

4 Das hintere Sparrenpaar senkrecht über dem hinteren Querbalken mit Heißkleber befestigen.

Das letzte Sparrenpaar zwischen dem zweiten und hinteren Paar anbringen.

Soweit ein Mauersegment gefertigt wurde, dieses an der Rückseite des Stalles anbringen. Auf der Grundplatte, an den Tragebalken und den Pfetten mit Heißkleber befestigen.

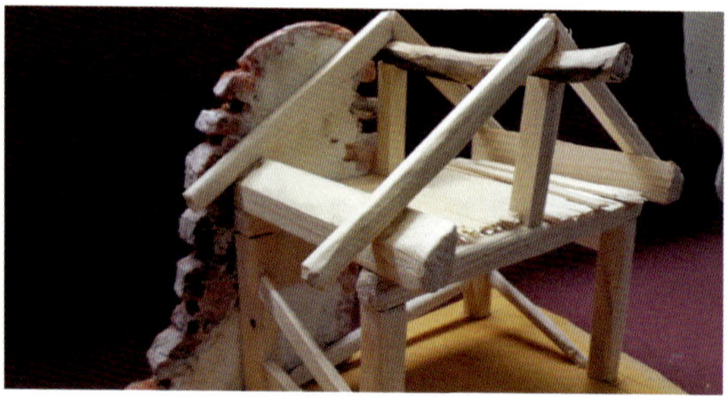

5 Die Streben Nr. 10 rund schnitzen und als Stützbalken zwischen den beiden vorderen Tragebalken und den Querbalken schräg einpassen und mit Heißkleber festkleben.

Anschließend kann der Stall mit Beize gestrichen werden. Verwenden Sie Braun- oder auch Grautöne. In jedem Falle vorher eine Probebeizung durchführen. Vermeiden Sie beim Anstrich die späteren Klebeflächen für die Holzverkleidung (Außenseiten der Pfetten und Querholme) sowie die oberen Flächen der Sparren, auf denen im nächsten Schritt die Dachlatten aufgeklebt werden.

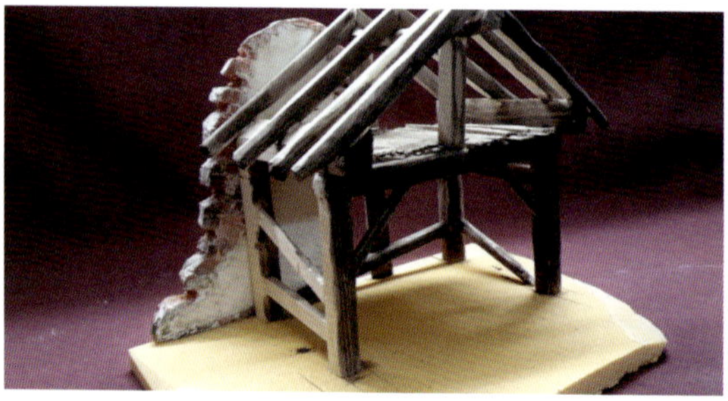

6 Als Dachlatten dünne, schmale 0,5 bis 1 cm breite Holzbrettchen verwenden, die vom vorderen Sparrenpaar zum hinteren Sparrenpaar gelegt werden. Mit Heißkleber aufkleben, eine Lattung am unteren Rand und eine am oberen Ende der Sparren anbringen. Am unterem Rand die Lattung doppelt aufkleben , drei weitere Lattungen mit etwa gleichen Abständen dazwischen anbringen, Dachlattung an beiden Dachhälften anbringen.

7. Dacheindeckung

Für die Schindeln benötigen Sie 2-3 mm starke und 3-4 cm breite Holzbrettchen, die man aus alten Obst oder Salatkisten brechen kann, um glatte Schnittkanten zu vermeiden.

1 Die Schindeln müssen in der Länge jeweils über zwei Dachlatten reichen (ca. 6 cm). Mit Heißkleber aufkleben. Beginnen Sie mit der Reihe ganz unten und legen Sie die Reihe ganz durch, die zweite Reihe beginnt wieder vorne. Um durchlaufende Stöße zu vermeiden beginnt man die Reihen abwechselnd mit einer ganzen und einer halben Schindel. Die obere Schindel überdeckt die untere ca. 1cm; beide Dachhälften auf diese Weise eindecken.

2 Als Firstkappe kann ein halbierter Holunderast dienen, bei dem das Mark entfernt wurde. Ersatzweise kann man zwei Brettchen am First aufgeklebt.

Nach dem Anstrich können Schneefanghölzer (aus dürren Ästen od. Zweigen) sowie Steine auf das Dach aufgeklebt werden.

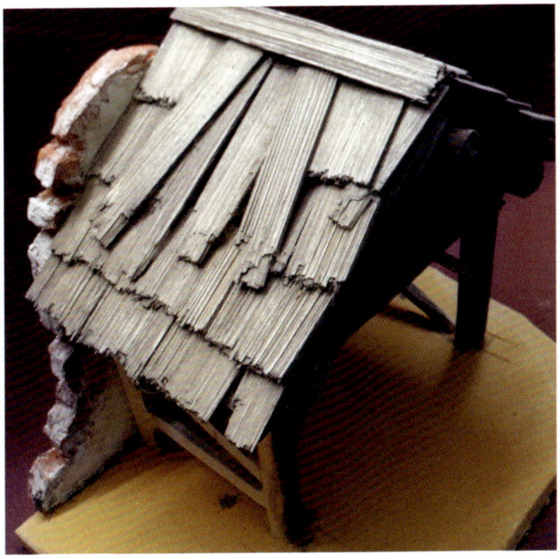

8. Bretterverkleidung

Hierfür werden wie für die Schindeln 3 bis 4 cm breite Holzbrettchen benötigt. Beide Seiten des Stalles, die Rückwand sowie den Heuboden vorne mit den Brettchen verkleiden. Brettchen an den Pfetten und den Querholmen mit Heißkleber ankleben.

Anschließend können die Dachschindeln und die Bretterverkleidung gebeizt werden.

Wer ein altes, angegrautes Aussehen des Stalles erreichen möchte, kann die sichtbaren Holzteile nach dem Trocknen der Beize nochmals oberflächlich und leicht mit etwas weißer Mauerfarbe bearbeiten (vorher Probeanstrich machen).

Fertigstellung

Wer kein Gelände vorgesehen hat, kann die Ränder der Grundplatte mit einer Stichsäge anschrägen und in eine beliebige Form schneiden.

Wer ein Gelände vorgesehen hat, klebt die kleinere Styrodurplatte auf eine größere Pressspann- oder Holzplatte. Beide Platten können mit entsprechenden Senkkopfschrauben von unten miteinander verschraubt werden. Beide Grundplatten werden- auch an den Schnittkanten – mit einer dünnen Schicht Spachtelmasse (1-2mm) überzogen (Gips mit Wasser und etwas Leim cremig verrühren).

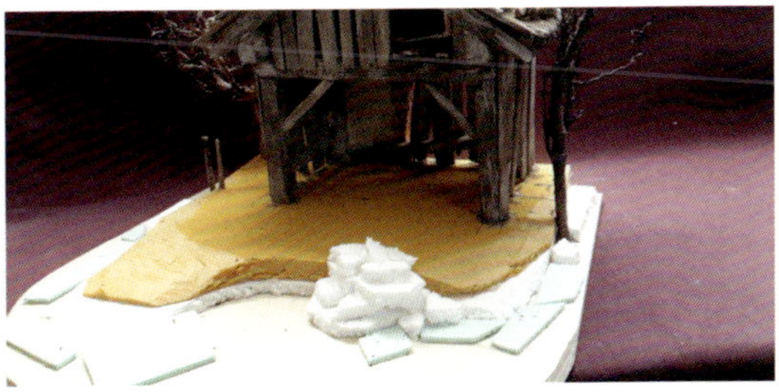

Vorher Holzflächen mit Leimwasser (reichlich Leim mit Wasser verrühren) streichen. Eine Anleitung zur weiteren Ausgestaltung der Grundplatte mit Streumaterial, Felsen, Zäune, Holzstoß, Bäume und dgl. finden Sie auf Seite 60f.

Krippe Eibsee

kleine Stallkrippe mit geringem Aufwand

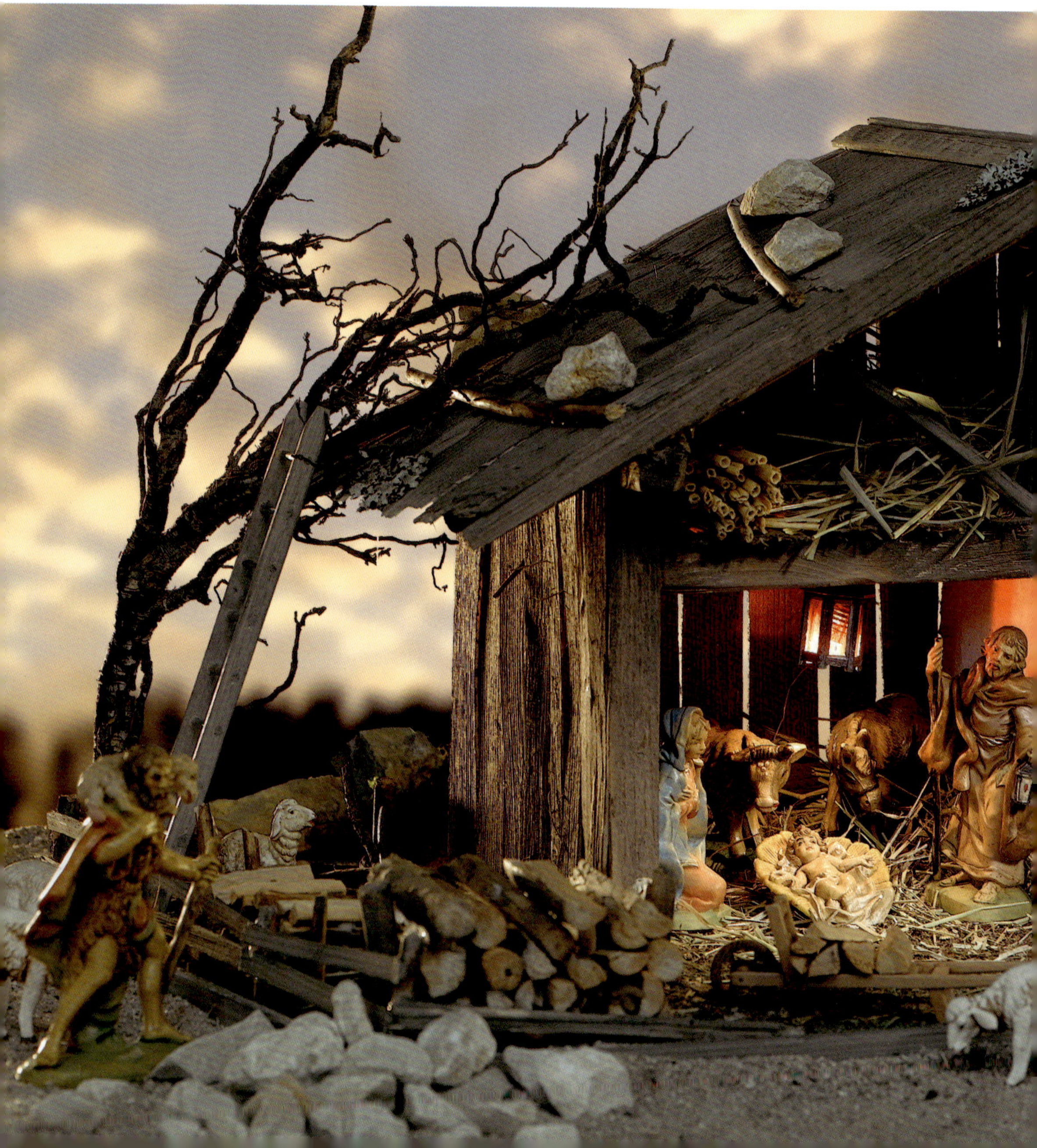

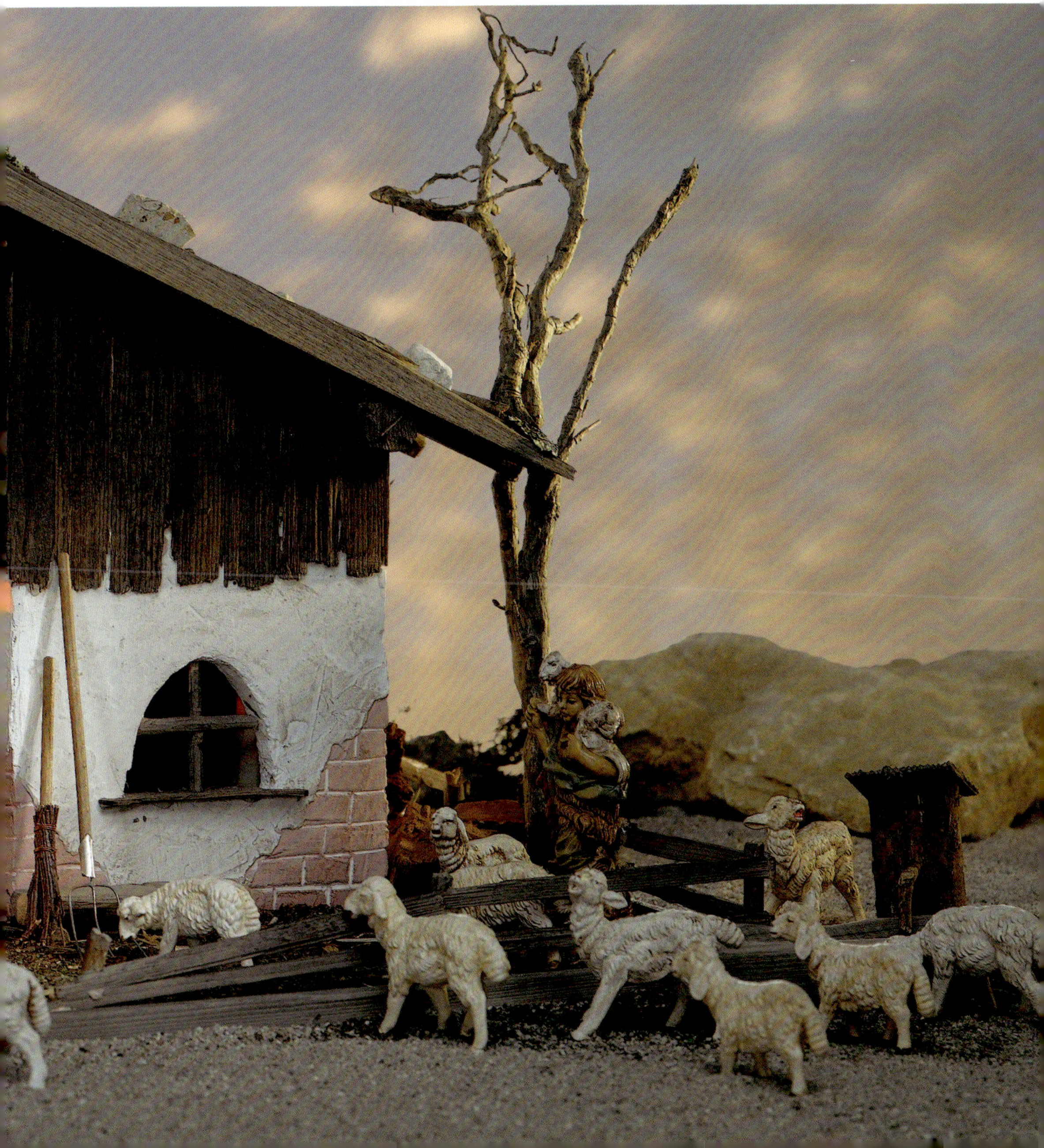

MOTIVGRÖSSE
35 cm x 20 cm
ca. 30 cm hoch
Figurengröße max. 10 cm

MATERIAL

* Vierkant-Leisten (Fichtenholz) in laufenden Metern
  2,0 cm x 2,0 cm, 1,7 lfm
  1,5 cm x 1,5 cm, 0,2 m lfm
  1,2 cm x 0,8 cm, 3,5 m lfm
  0,5 cm x 2,0 cm, 1,8 m lfm

Die Werkzeuge und sonstigen Materialien, die Sie benötigen, sind auf den Umschlagklappen aufgeführt.

Zusätzlich benötigen Sie für Holzverkleidung, Heuboden und Dacheindeckung Bretter von ca. 4 bis 6 Salat- oder Obstkisten.

Stückliste

Nr.	Bezeichnung	Profil/Material (Maße in cm)	Maße in cm	Anzahl
1	Tragebalken	Vierkant	2 x 2 x 17	2
2	Tragebalken	Vierkant	2 x 2 x 4	2
3	Querbalken	Vierkant	2 x 2 x 31	2
4	Pfette rechts	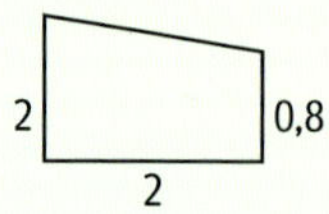	2 x 2 x 20	1
5	Firstbalken	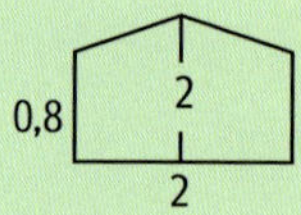	2 x 2 x 20	1
6	Pfette links	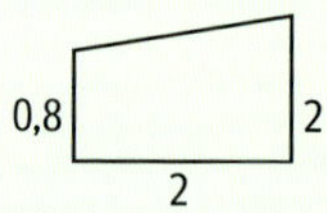	2 x 2 x 20	1
7	Stallwand	Pressspan	13 x 13 x 1	2
8	Stallwand	Pressspan	16 x 13 x 1	2
9	Firstträger	Vierkant	1,5 x 1,5 x 9,5	2
10	Querholm	Vierkant	1,2 x 0,8 x 12	2
11	Querholm	Vierkant	1,2 x 0,8 x 18	1
12	Sparren	Vierkant	1,2 x 0,8 x 26	8
13	Grundplatte	Pressspan	45 x 35 x 0,8–1	1
14	Randleisten	Vierkant	0,5 x 2 x 47	2
15	Randleisten	Vierkant	0,5 x 2 x 38	2

Montageskizze

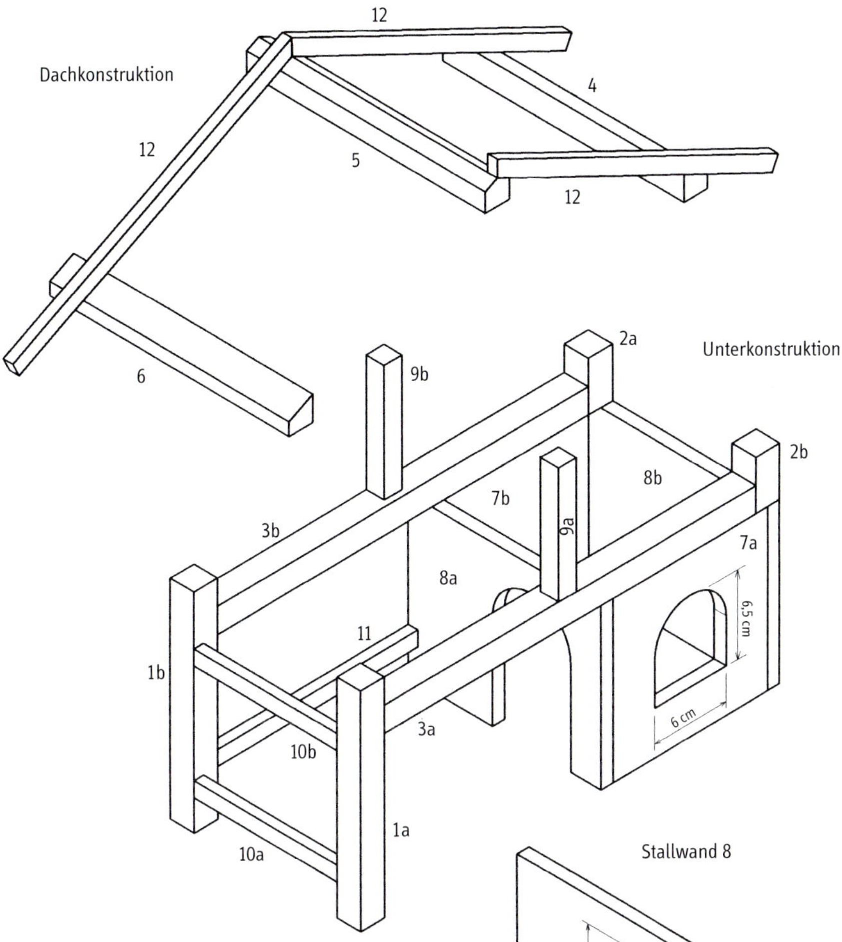

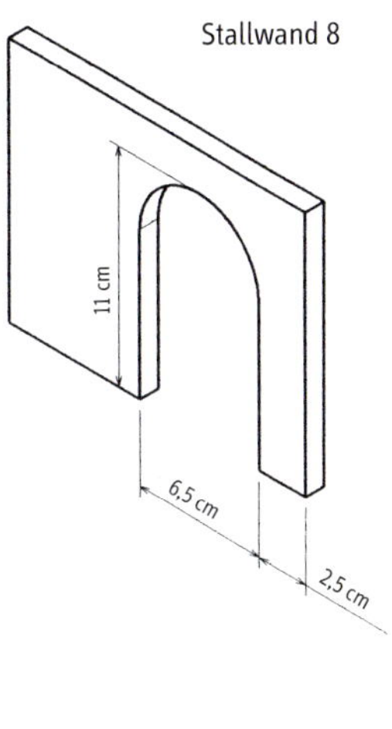

Hinweis: Komplette Bausätze können beim Autor bestellt werden (siehe Impressum Seite 64).

Montage

Unterkonstruktion

1 Die Stallwände (Türe und Fenster) mit der Stichsäge ausschneiden (Maße bitte der Montageskizze auf Seite 11 entnehmen).

2 Stallwände 7 und 8 außen bündig und rechtwinklig zusammenschrauben. Der Stall ist 15 cm breit und 16 cm tief.

3 Die beiden Tragebalken 1 und 2 mit den jeweiligen Querbalken 3 wie in der Montageskizze zu sehen verschrauben. Vor dem Zusammenbau werden die Schnittkanten und Schnittflächen mit Messer und Drahtbürste bearbeitet.

4 Die beiden Firstträger 9 mittig auf den Querbalken 3 befestigen. Von unten anschrauben.

5 Beide fertig gestellten Träger auf Stallwände 7 auflegen und von oben verschrauben. Dabei sind die Querbalken 3 außen bündig mit den Stallwänden 7.

6 Beide Querholme 10 zwischen die beiden Tragebalken 1 einfügen und von außen verschrauben. Bohren Sie dafür die Tragebalken 1a und 1b zum Verschrauben mit einem 3 mm-Bohrer vor und senken Sie die Bohrungen von außen etwas an. Die Oberkante des Querholms 10b ist in der Höhe der Stallwände 7 und 8 anzubringen (13 cm). Die Höhe des Querholms 10a ist beliebig (ca. 3 cm).

7 Querholm 11 zwischen Tragebalken 1b und Stallwand 8a einfügen und verschrauben. Die Höhe des Querholms ist beliebig (ca. 3 cm).

8 Die beiden Pfetten 4 und 6 werden in ihrer ganzen Länge auf ca. 40° mit einem Messer angeschrägt. Der Firstbalken 5 wird auf zwei Seiten angeschrägt (Profile siehe Stückliste Seite 10). An den Überständen der drei Pfetten (vorne 3 cm, hinten 1 cm) werden die Schnittflächen und Schnittkanten mit einem Messer, einer Drahtbürste und Schleifpapier bearbeitet.

9 Die beiden Pfetten 4 und 6 auf den jeweiligen Tragebalken und den Firstbalken auf den beiden Firstträgern befestigen. Dabei Pfette 6 auf beide Tragebalken 1 legen und von oben verschrauben (Überstand nach vorne ca. 3 cm). Pfette 4 auf beide Tragebalken 2 legen und ebenfalls von oben verschrauben (Überstand nach vorne ca. 3 cm). Firstbalken 5 auf beide Firstträger 9 legen und von oben verschrauben (Überstand ca. 3 cm).

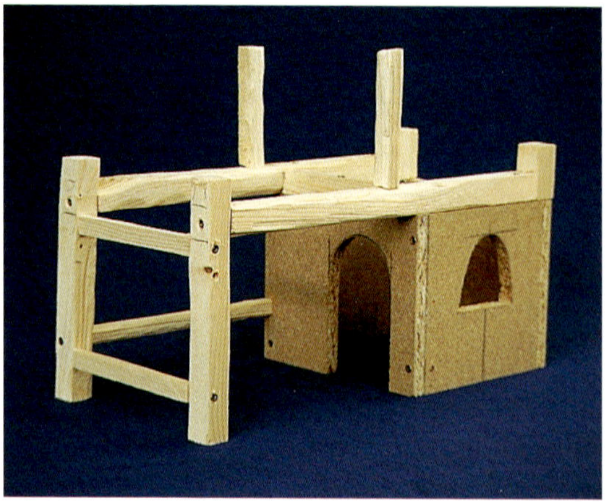

10 Stallwände innen und außen mit einer ca. 2 mm dicken Gipsschicht bestreichen. Dafür die Stallwände vorher mit wasserverdünntem Leim bestreichen, Moltofill in einem Gefäß cremig anrühren und reichlich Holzleim beimischen. Gipsmasse mit Spachtel auf die Stallwände auftragen. Nach dem Trocknen Stallwände je nach Geschmack etwas patinieren (vgl. vordere Umschlagklappen).

11 Rohbau auf der Grundplatte rechtwinklig ausrichten und von unten an den Tragebalken und der Stallwand verschrauben. Dabei beträgt der Abstand der Stallwand zum hinteren Rand der Grundplatte ca. 4 cm. Seitlich kann der Stall je nach Gefallen nach links oder rechts versetzt angebracht werden.

12 Nun werden alle Holzteile gebeizt. Bringen Sie die Beize mit dem Pinsel nicht zu satt auf.

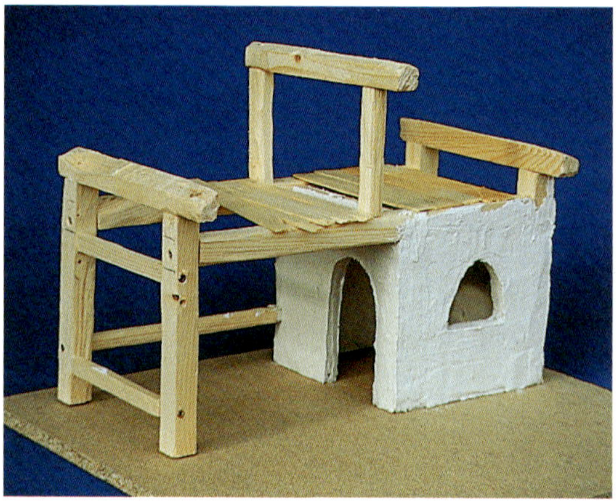

Einbau des Heubodens

Für den Heuboden Brettchen von Salatkisten (ca. 1 cm bis 2 cm breit) so in die Länge schneiden, dass sie auf die beiden Querbalken 3 gelegt und mit Heißkleber angeklebt werden können.

Dachkonstruktion

1 Im Anschluss werden die Dachsparren aufgeklebt. Sparren 12 paarweise hochkant vom Firstbalken 5 zu Pfette 4 bzw. Pfette 6 legen und mit Heißkleber befestigen. Stirnseiten der Sparren so anschrägen, dass sie bündig zusammenstoßen. Vorderes Sparrenpaar bündig mit den vorderen Enden der Pfetten und des Firstbalkens aufkleben.

2 Die Sparrenüberstände an den Pfetten 4 und 6 betragen 3 cm bis 4 cm. Sie werden mit Messer und Drahtbürste bearbeitet. Das hintere Sparrenpaar schließt außen mit der Stallmauer 7b und dem Querholm 11 ab. Das zweite Sparrenpaar von vorne verläuft direkt über der vorderen Stallwand und dem Tragebalken 3a. Das letzte Sparrenpaar wird mittig zwischen dem zweiten und hinteren Sparrenpaar aufgeklebt.

Anbringen der Holzverkleidung

1 Für den Bretterverschlag werden, wie auch für den Heuboden, Brettchen von Obst- oder Salatkisten verwendet.

2 Die Verschlagbretter (ca. 1 cm bis 2 cm breit) werden auf den äußeren Sparren, Querbalken bzw. Pfetten und den darunter liegenden Querholmen mit der Heißklebepistole befestigt.

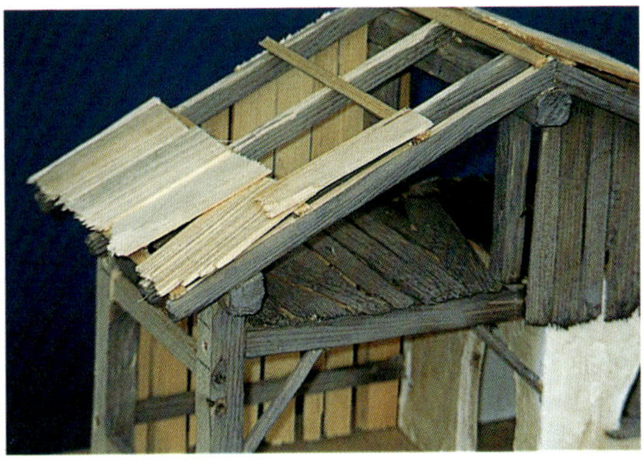

Dacheindeckung

1 Für die Dacheindeckung werden zuerst auf jeder Dachseite vier Dachlatten quer über die Sparren 12 geklebt. Die Dachlatten bestehen aus ca. 1 cm breiten und 1 mm bis 2 mm dicken Streifen, die in der Länge mit den Pfetten abschließen (z. B. Furnierreste vom Schreiner).

2 Die oberste Dachlatte wird auf jeder Dachhälfte soweit oben wie möglich am First, die unterste Dachlatte ca. 1 cm vom unteren Ende der Dachsparren angebracht. Die beiden restlichen Dachlatten werden gleichmäßig auf der jeweiligen Dachseite verteilt.

3 Für das Schindeldach verwenden Sie die gleichen Bretter wie für den Bretterverschlag. Sie sollen 4 cm bis 6 cm breit sein und in der Länge etwas mehr als über zwei Dachlatten reichen.

4 Wenn der Eindruck eines möglichst alten Daches erweckt werden soll, brechen Sie die Bretter in ihrer Länge einfach ab.

5 Beginnen Sie bei der Dacheindeckung mit der unteren Schindelreihe. Schindeln nebeneinander auf die unteren zwei Dachlatten legen und mit Heißkleber festkleben. Sie sollten seitlich mit dem Dachsparren abschließen. Beginnen Sie die Schindelreihen abwechselnd mit einer ganzen und einer halben Schindel, um einen durchlaufenden Stoß zu vermeiden.

6 Die zweite Schindelreihe überlappt die darunter liegende Reihe um ca. 2 cm. Die oberste Schindelreihe jeder Dachseite stößt am First zusammen. Als Firstkappe kann ein ca. 2 cm starker, gerader und halbierter Holunderzweig dienen, dessen Mark entfernt wurde und der über die gesamte Dachtiefe aufgeleimt wird.

7 Nach der Fertigstellung des Daches und des Bretterverschlags kann beides gebeizt werden (vgl. vordere Umschlagklappen).

Gestaltung der Grundplatte

Die Gestaltung der Grundplatte mit Streumaterial, Stroh, Baumrinde, Moos und dergleichen ist auf Seite 60 beschrieben.

Elektrische Beleuchtung

Zum Aufhängen einer Stalllaterne wird in den Heuboden ein kleiner Haken gedreht. Führen Sie das Stromkabel durch die rückwärtige Stallwand (evtl. nochmals ein Brett entfernen und dann neu ankleben) und schließen Sie dort eine Batterie oder einen Trafo an. Laternen und Trafos sind auf Weihnachtsmärkten oder im Baumarkt erhältlich.

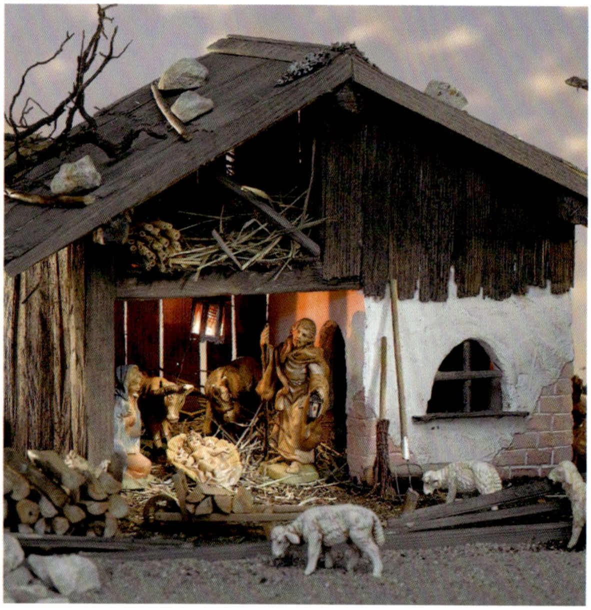

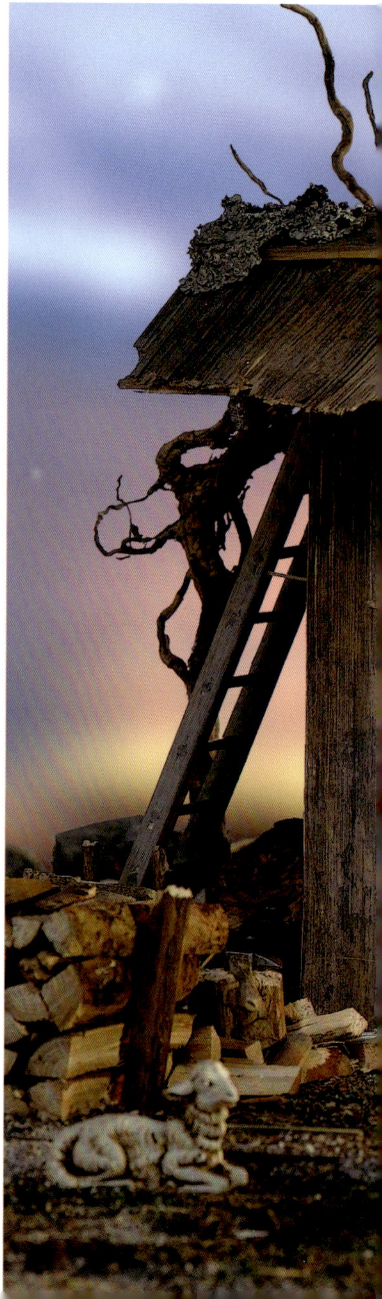

Krippe Tegernsee

viel Stimmung mit wenig Aufwand

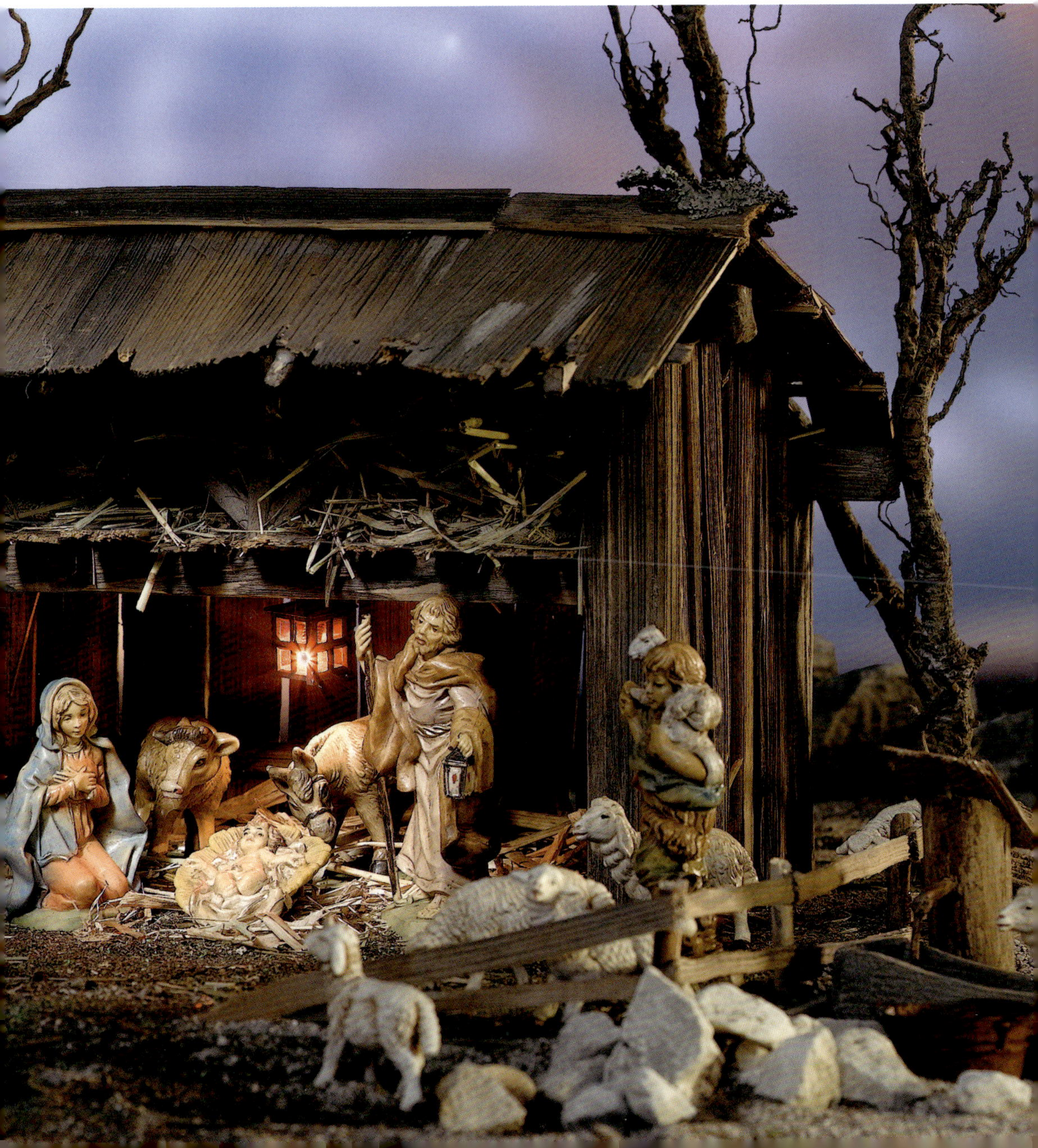

Krippe aus Ästen oder Vierkanthölzern

1 Der Krippenstall ist ein einfacher Unterstand, jedoch mit Heuboden und einem nach vorne abknickenden Dach. Als Bauteile können dürre Äste und Zweige oder auch Vierkanthölzer verwendet werden.

2 Zusätzlich benötigen Sie für Bretterverschlag, Heuboden und Dacheindeckung Bretter von ca. 4 bis 6 Obst- oder Salatkisten.

Variante: Bei der Verwendung von dürren Ästen sollten die Äste für die Bauteile Nr. 1 bis 5 einen Durchmesser von ca. 2,5 cm haben; für die Bauteile Nr. 6 bis 11 sollte der Durchmesser ca. 1 cm betragen. Die Länge der Bauteile entnehmen Sie bitte der Stückliste.

Stückliste – Äste oder Vierkanthölzer

Nr.	Bezeichnung	Profil/Material (Maße in cm)	Maße in cm	Anzahl
1	Tragebalken	Vierkant	18,5 x 2	2
2	Tragebalken	Vierkant	12,5 x 2	2
3	Pfette	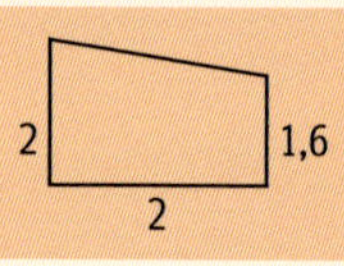	32 x 2	1
4	Pfette	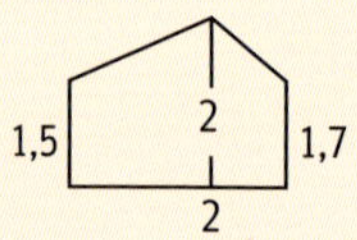	32 x 2	1
5	Querbalken	Vierkant	22 x 1,5	2
6	Sparren	Vierkant	21 x 1 x 0,7	4
7	Sparren	Vierkant	10 x 1 x 0,7	4
8	Querholm	Vierkant	22 x 1 x 0,7	1
9	Querhom	Vierkant	13,5 x 1 x 0,7	4
10	Stützbalken	Vierkant	7 x 1 x 0,7	1
11	Streben	Vierkant	10 x 1 x 0,7	6
12	Grundplatte	Pressspan	ca. 45 x 45 x 1	1
13	Leiste für Grundplatte		0,5 x 1,2 x 47	4

Montage

Montageskizze

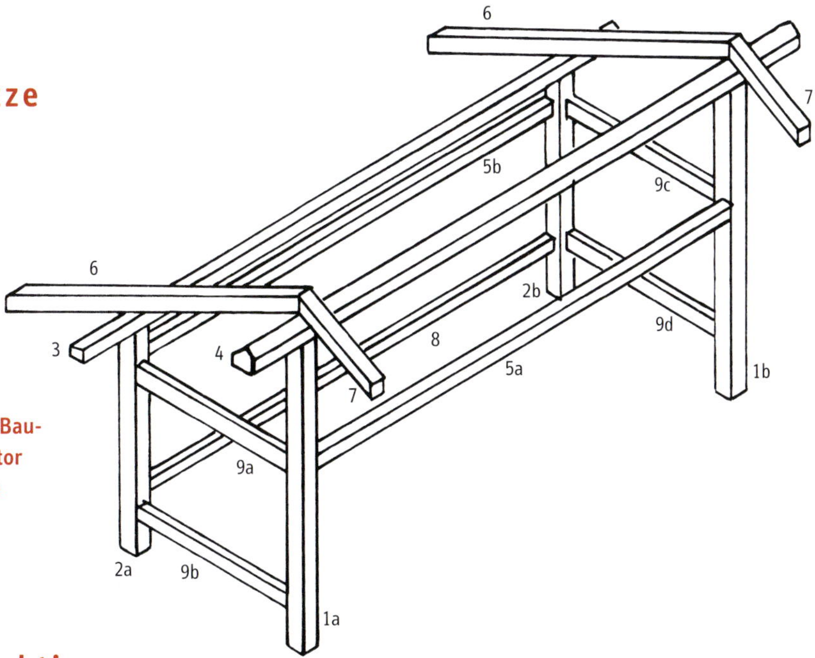

Hinweis: Komplette Bausätze können beim Autor bestellt werden (siehe Impressum Seite 64).

Unterkonstruktion

1 Tragebalken 1a, 1b, 2a und 2b werden entsprechend der Montageskizze mit den Querholmen 8, 9a bis 9d und den beiden Querbalken 5a und 5b jeweils mit den Tragebalken außen bündig verschraubt. Dazu Tragebalken mit Bohrer (ø 3 mm) vorbohren. Der Abstand der Unterkante von Querholmen 5a und 5b zur Grundplatte beträgt 10,5 cm, der Abstand der Querholme 9b und 9d zur Grundplatte beträgt 2 cm bis 3 cm. Holme 9a und 9c werden etwas versetzt zu den Querbalken 5 angebracht.

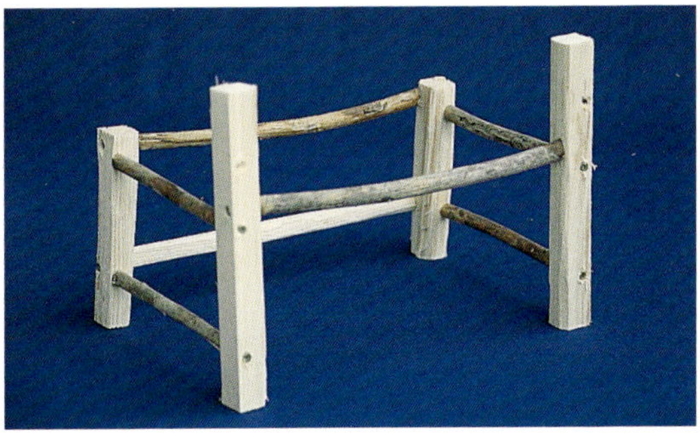

2 Die vier Tragebalken 1 und 2 von unten auf die Grundplatte schrauben.

3 Die Pfette 3 wird mit einem scharfen Messer auf der ganzen Länge um ca. 30° angeschrägt (vgl. Stückliste Seite 16).

4 Die Pfette 4 wird auf zwei Seiten auf der ganzen Länge um ca. 30° angeschrägt (vgl. Stückliste Seite 16).

5 Die Pfette 3 auf die Tragebalken 2 und Pfette 4 auf die Tragebalken 1 von oben schrauben. Die Pfetten stehen auf beiden Seiten ca. 1,5 cm über. Die Pfette 3, der Querbalken 5b und der Querholm 8 sitzen außen genau übereinander.

6 Anschließend wird der Heuboden eingebaut. Dazu werden 1 cm bis 2 cm breite Holzbretter quer über die beiden Querbalken 5 gelegt und festgeklebt. Hinten haben die Bretter keinen Überstand, vorne werden sie unregelmäßig abgebrochen, hier beträgt der Überstand 2 cm bis 3 cm.

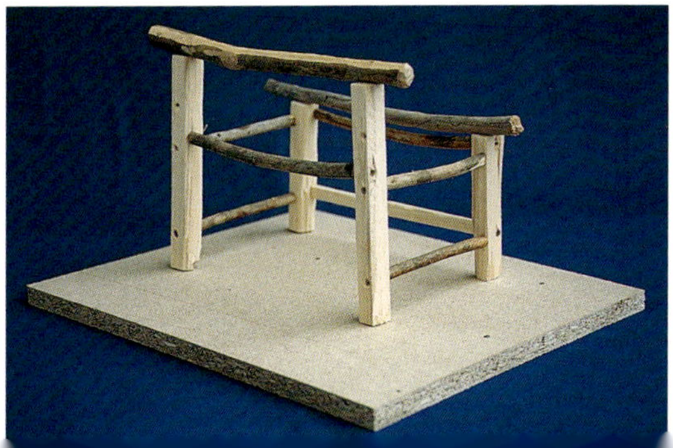

Dachaufbau

1 Die Dachsparren 6 werden hochkant auf die Pfetten 3 und 4 mit Heißkleber geklebt. Der Überstand der Sparren nach hinten beträgt ca. 3 cm, vorne schließen sie genau an der Mitte der Pfette 4 ab. Die äußeren Sparren 6 befinden sich genau über den Querholmen 9, die beiden inneren Sparren werden ausgemittelt.

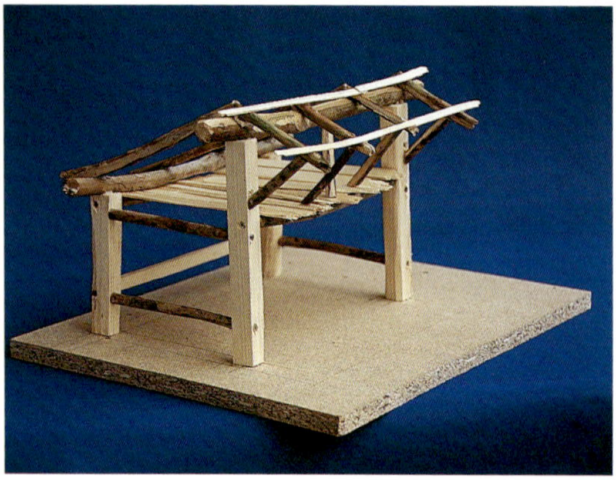

Unterkonstruktion mit Heuboden und Dachlattung

2 Die Sparren 7 werden an der Stirnseite angeschrägt und paarweise mit den Sparren 6 auf die Pfette 4 geklebt.

3 Eine Strebe 11 zwischen den Tragebalken 1a und Sparren 7 und eine Strebe 11 zwischen Tragebalken 1b und Sparren 7 schräg einpassen und ankleben.

4 Den Stützbalken 10 senkrecht zwischen Heuboden und Pfette 4 mittig einpassen und einkleben.

5 Passen Sie jeweils eine Strebe 11 zwischen jeden Sparren 7 und dem Heuboden schräg ein und kleben Sie sie fest.

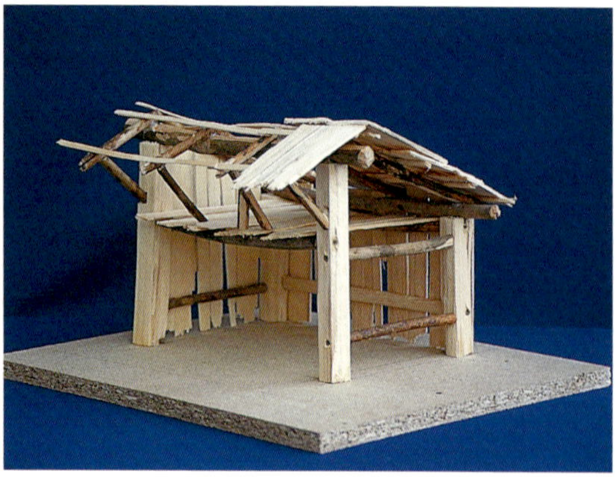

Anbringen des Bretterverschlags und des Daches

6 Der Weiterbau mit dem Aufkleben der Dachlatten, dem Anbringen des Bretterverschlags, dem Aufkleben der Dachschindeln, dem Beizen sowie der Gestaltung der Grundplatte ist auf Seite 60f sowie auf den Umschlagklappen beschrieben.

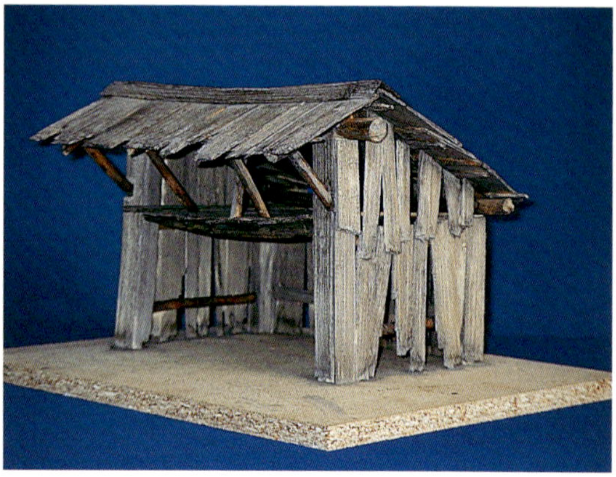

Große alpenländische Krippe

mit gemauertem Stallraum

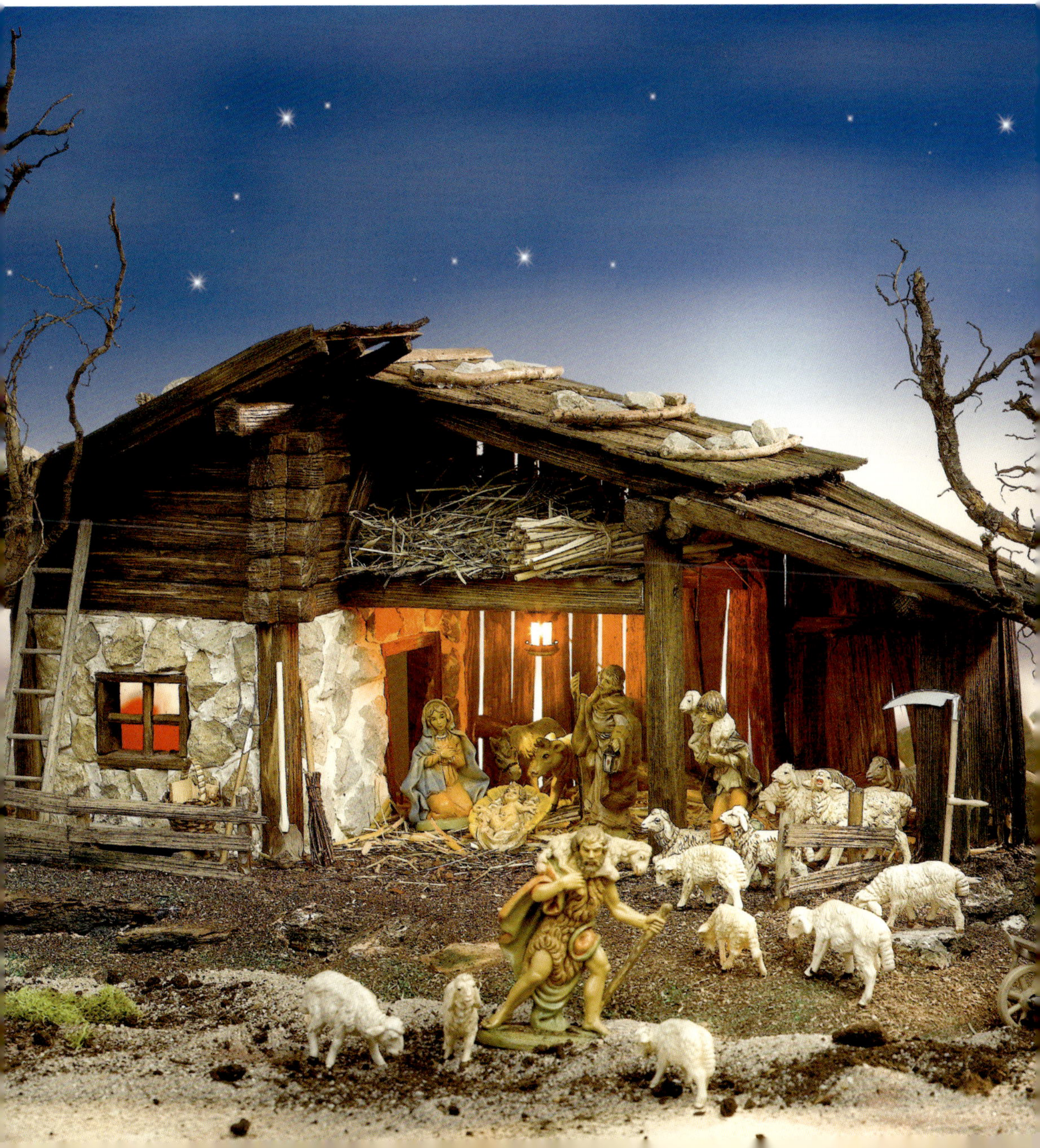

MATERIAL

* Vierkanthölzer aus Fichtenholz (siehe Stückliste):
  20 mm x 20 mm, 7 lfm,
  15 mm x 15 mm, 1,2 lfm,
  15 mm x 10 mm, 4,2 lfm
* Pressspanplatte (siehe Stückliste) für Mauer und Grundplatte
* je 1 Holzklotz, Fenster: 5 cm x 5 cm x 2 cm, Tür: 12 cm x 7,5 cm x 2 cm
* Furnierreste, 1 mm bis 2 mm stark, ca. 1 cm breit (Dachlatten)
* Gips, ca. 250 g, z. B. Moltofill®
* Holunderast, ø ca. 2 cm, ca. 30 cm lang (Firstkappe)
* kleine Schottersteine (für die Mauern)
* engmaschiges Drahtgeflecht, ca. 30 cm x 30 cm
* Rahmenhölzer, ca. 2 cm x 2 cm, ca. 2 lfm
* ca. 50 Senkkopfschrauben, 35 mm x 3 mm
* Holzbeize in Erdbraun oder Grau, ca. 250 ml
* etwas Heu und Stroh
* etwas Streumaterial für die Grundplatte, ggf. Kiefernrinde (für die Dacheindeckung und zur Gestaltung der Grundplatte)
* 3 bis 4 Obstkisten oder Holzbretter, 2 mm bis 3 mm stark, 20 mm bis 40 mm breit, ca. 3 lfm (Heuboden, Bretterverschlag, Dachschindeln)
* 3 bis 5 Holzbrettchen, 3 mm stark, 10 mm bis 20 mm breit, ca. 20 cm – 25 cm lang (Dacheindeckung)
* Tapetenkleister
* Klebefilm
* Plastikfolie, z. B. Plastiktüte
* kleiner Haken (für Laterne)
* Stalllaterne
* kleine Nägel
* ggf. Holzwachs in Dunkelbraun
* Holzbohrer, ø 3 mm und 10 mm

MOTIVGRÖSSE

70 cm x 50 cm, ca. 30 cm hoch

FIGURENGRÖSSE

9 cm bis 11 cm

VORLAGE

Seite 21

Stückliste

Nr.	Bezeichnung	Profil/Material	Maße in cm	Anzahl
1	Stallwand	Mauer	16 x 14	2
2	Stallwand	Mauer	21 x 14	2
3	Tragebalken	Vierkant	2 x 2 x 14	4
4	Tragebalken	Vierkant	2 x 2 x 19	2
5	Längsbalken	Vierkant	2 x 2 x 37	2
6	Querbalken	Vierkant	2 x 2 x 14	1
7	Pfette	Vierkant 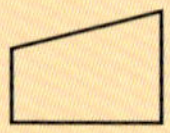	2 x 2 x 32	1
8	Pfette	Vierkant 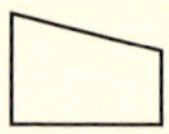	2 x 2 x 24	1
9	Firstbalken	Vierkant 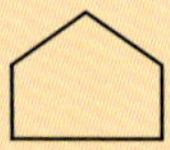	2 x 2 x 32	1
10	Firstträger	Vierkant	1,5 x 1,5 x 8	1
11	Sparren	Vierkant	1,5 x 1 x 28	3
12	Sparren	Vierkant	1,5 x 1 x 32	3
13	Sparren	Vierkant	1,5 x 1 x 25	3
14	Querholm	Vierkant	1,5 x 1 x 25	1
15	Balken für Giebel	Vierkant	2 x 2 x 8,5	6
16	Balken für Giebel	Vierkant	2 x 2 x 23	12
17	Balken für Giebel	Vierkant	2 x 2 x 26,5	2
18	Stützbalken	Vierkant	1,5 x 1,5 x 25	1

Ablängen und Nummerieren

Alle Teile maßgenau zuschneiden und nach Angaben in der Stückliste nummerieren, z. B. in 3a, 3b oder 4a, 4b, 4c usw. Dies erleichtert das Auffinden beim Zusammenbau der Teile. Die Nummern finden Sie auch in den Anleitungen und der Montageskizze wieder.

Anbau rechts

Nr.	Bezeichnung	Profil/Material	Maße in cm	Anzahl
19	Tragebalken	Vierkant	1,5 x 1,5 x 16	2
20	Pfette	Vierkant 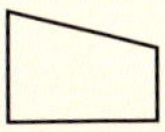	1,5 x 1,5 x 19	2
21	Sparren	Vierkant	1,5 x 1 x 19	4
22	Querholm	Vierkant	1,5 x 1 x 14	3
23	Grundplatte	Pressspan	57 x 34 x 1	1
24	Grundplatte	Pressspan	65 x 45 x 1	1
25	Abstandsleiste	Brett/Pressspan	43 x 4 x 1	2
26	Abstandsleiste	Brett/Pressspan	25 x 4 x 1	2
27	Rahmenleisten	Leiste	2 x 0,5 x 32	2
28	Randleisten für Grundplatte	Leiste	65 x 1 x 0,4	4

Tipp: Sie können die einzelnen Bestandteile im Baumarkt oder beim Schreiner auf die richtigen Maße schneiden lassen.

Hinweis: Komplette Bausätze können beim Autor bestellt werden (siehe Impressum Seite 64).

Montageskizze

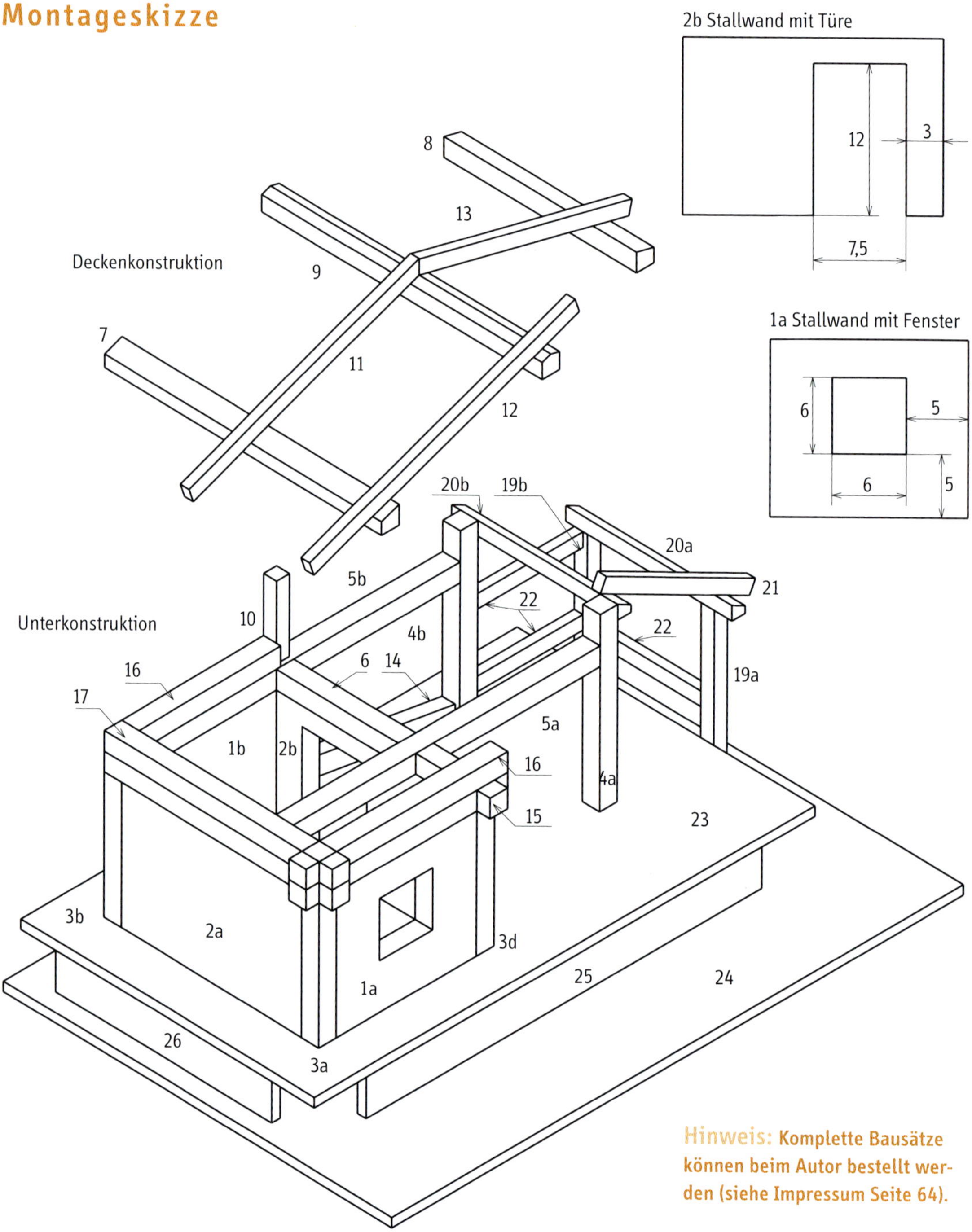

Hinweis: Komplette Bausätze können beim Autor bestellt werden (siehe Impressum Seite 64).

Mauern

Die Stallwände der Krippe können als Steinmauer (Foto Seite 19) oder als verputzte Mauer (Montageskizze Seite 22) dargestellt werden. Für verputzte Stallwände werden 15 mm starke Pressspanbrettchen verwendet (Stückliste Teile 1 und 2, sie werden beim Bau einer Steinmauer nicht benötigt). Die Herstellung von verputzten Mauern wird auf Seite 39, Schritt 2 bis 8 beschrieben. Vor dem „Verputzen" die Fenster (55 mm x 55 mm) und Türen (120 mm x 75 mm) mit einer Stichsäge aussägen. Nach dem Austrocknen des „Putzes" werden die Mauern wie die Steinmauern zwischen den Tragebalken eingepasst und befestigt (siehe Seite 24). Beim Bau von Steinmauern folgendermaßen vorgehen:

1 Auf einer ausreichend großen und ebenen Unterlage (ca. 45 cm x 35 cm) mit geeigneten Holzleisten (in der Materialliste als Rahmenholz bezeichnet) Rahmen in Größe der Stallwände Nr. 1 und Nr. 2 bauen.

2 Die Leisten in die entsprechenden Längen schneiden und mit Schrauben so auf der Unterlage befestigen, dass die Innenmaße des Rahmens den Maßen der Mauer entsprechen (16 cm x 14 cm und 21 cm x 14 cm, jeweils zweimal). Um ein „Anhaften" der „Mauer" nach dem Gipsen auf der Unterlage zu verhindern, die Unterlage vor dem Befestigen der Rahmenhölzer mit einer Plastikfolie versehen (z. B. Plastiktüte).

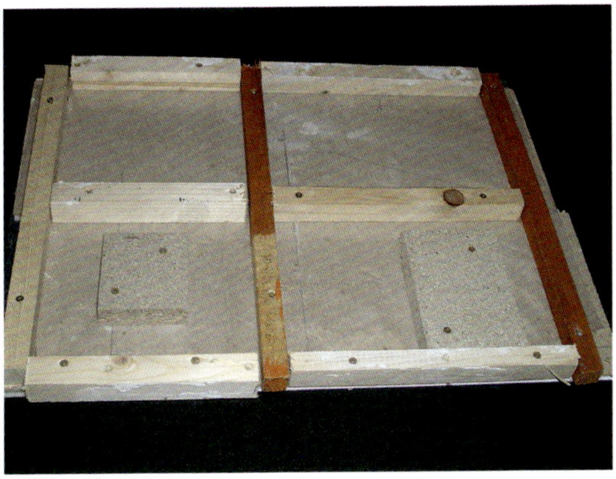

3 Für das Fenster in der Stallwand Nr. 1a und für die Türe der Stallwand Nr. 2 in den Rahmen entsprechend große Holzklötze einsetzen, die dann später wieder entfernt werden (siehe Materialliste). Um ein „Anhaften" des Gipses an den Holzklötzen zu verhindern, diese vorher an den Rändern mit Klebefilm umwickeln.

4 Für jeden Rahmen engmaschiges Drahtgitter so schneiden, dass es locker in den Rahmen passt. Fenster und Türe ausschneiden.

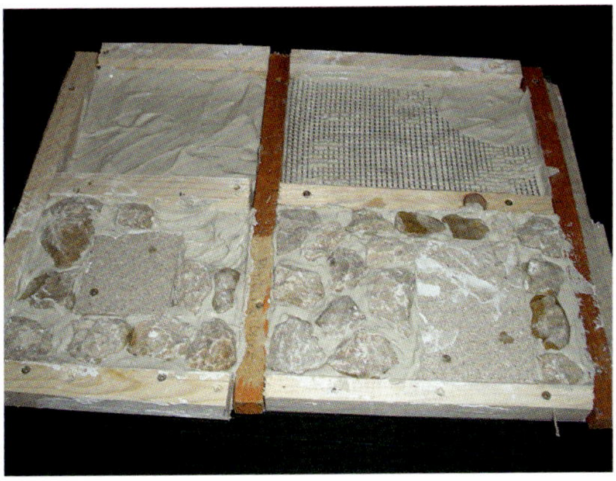

5 Jede Mauer einzeln nacheinander herstellen; Schottersteine bereitlegen.

6 Gips mit Wasser zu einer weichen, cremigen Masse anrühren. Circa einen Esslöffel Leim unterrühren. Um ein grelles Weiß der Mauer zu vermeiden, etwas graue Acrylfarbe oder Zement unterrühren.

7 Den Rahmen mit ca. 5 mm Gipsmasse auffüllen. Das Drahtgeflecht leicht in die Masse eindrücken, nochmals 5 mm bis 1 cm Gipsmasse in den Rahmen füllen. Die Schottersteine bis knapp zur Hälfte ihrer Größe in die Gipsmasse eindrücken. Die Steine möglichst eng aneinandersetzen, überquellende Gipsmasse vorsichtig mit einem Spachtel entfernen.

8 Nach dem Trocknen der Mauern, nach ein bis zwei Tagen, vorsichtig den Rahmen und die Holzklötze (Türe und Fenster) entfernen. Die Mauern nochmals zwei bis drei Tage trocknen lassen.

Grundplatten und Gelände

1 Zur späteren Gestaltung eines Geländes die Abstandsleisten Nr. 25 und 26 mit Senkkopfschrauben hochkant an den Rändern der Grundplatte Nr. 23 befestigen.

2 Wer auf die Gestaltung eines Geländes verzichten möchte, verwendet für den nun folgenden Aufbau des Stalles anstelle der Grundplatte Nr. 23 die größere Platte Nr. 24 ohne die Abstandsleisten.

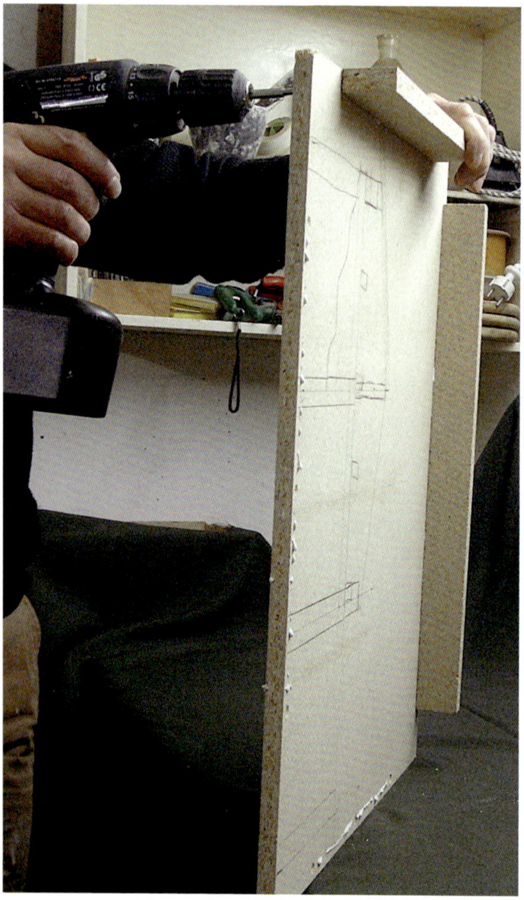

Bau des Stalles

1 Die trockene Stallwand Nr. 2a zwischen den beiden Tragebalken Nr. 3a und 3b auf der Grundplatte 23 bzw. Nr. 24 befestigen.

2 Die Tragebalken mit Senkkopfschrauben von unten auf der Grundplatte festschrauben; die Bohrung unten ansenken. Die Stallwände dazwischen setzen und mit Heißkleber innen an der Grundplatte und an den Tragebalken befestigen.

3 Da die Tragebalken später sichtbar bleiben, bei diesen vorher mit einem scharfen Messer die Kanten entfernen. Mit einer Drahtbürste etwas bürsten, um die Maserung des Holzes hervorzuheben. Anschließend nochmals mit etwas Schleifpapier bearbeiten.

4 Den Stall so auf der Grundplatte platzieren, dass zum hinteren und zum linken Rand jeweils ca. 3 cm Platz bleiben.

5 Die weiteren Stallwände entsprechend der Montageskizze auf Seite 22 auf die gleiche Art zusammenbauen.

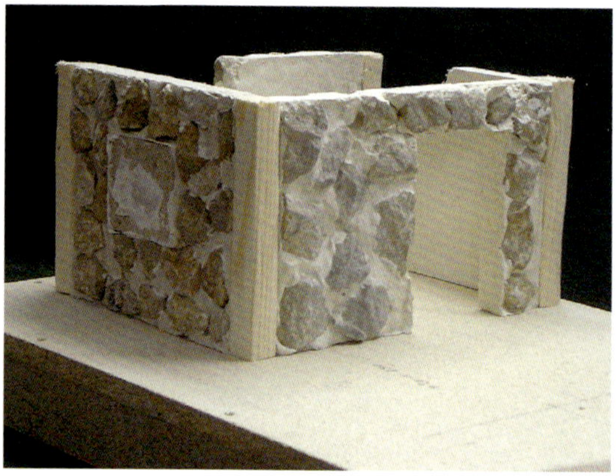

Montage der Längsbalken

1 An beiden Längsbalken Nr. 5 mit einem scharfen Messer die Kanten entfernen und mit der Drahtbürste bearbeiten.

2 Die Längsbalken stirnseitig im rechten Winkel mit den beiden Tragebalken 4a bzw. 4b verschrauben. Der Abstand von der unteren Stirnseite des Tragebalkens bis zur Unterkante des Längsbalkens beträgt 14 cm.

3 Firstträger Nr. 10 auf Längsbalken Nr. 5b von unten mit der Senkkopfschraube befestigen. Der Abstand zum Tragebalken 4b beträgt 19,2 cm.

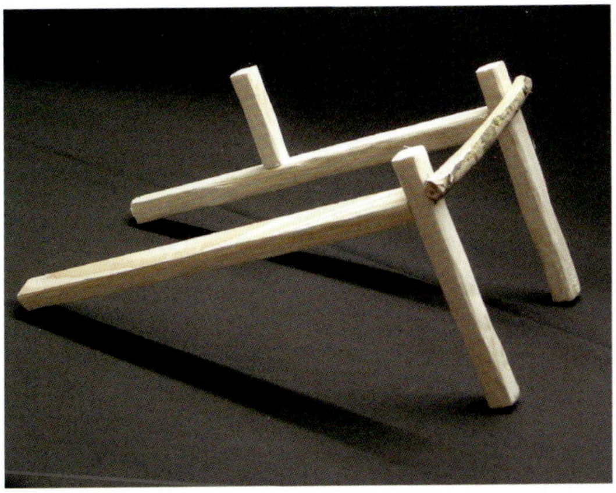

4 Beide Pfetten Nr. 20 mit Messer oder Hobel auf der ganzen Länge anschrägen (siehe Profil Stückliste). Die Kanten brechen und das vordere Ende mit Drahtbürste und Schleifpapier bearbeiten.

5 Pfette Nr. 20b auf der Rückseite der beiden Tragebalken Nr. 4 verschrauben. Die Pfette etwas unter der oberen Stirnseite der beiden Tragebalken verschrauben. Der Abstand der Tragebalken innen beträgt 14 cm; der Pfettenüberstand nach hinten ca. 1 cm.

6 Das Grundgestell mit den beiden Längs- und Tragebalken so auf der Grundplatte verschrauben, dass der Längsbalken Nr. 5b auf der Oberseite der Stallwand Nr. 1b aufliegt. Der Längsbalken Nr. 5a liegt auf der Stallwand Nr. 2b auf. Beide Längsbalken reichen bis zur Stallwand Nr. 2a, liegen dort jedoch nicht auf.

7 Beide Tragebalken Nr. 4 von unten auf der Grundplatte verschrauben.

8 Den Längsbalken Nr. 5b auf der Stallwand mit Leim oder im Inneren des Stalles mit Heißkleber an der Stallwand befestigen.

9 Den Querbalken Nr. 6 zwischen die beiden Längsbalken einpassen und auf der Stallwand Nr. 2b mit Leim oder Heißkleber befestigen.

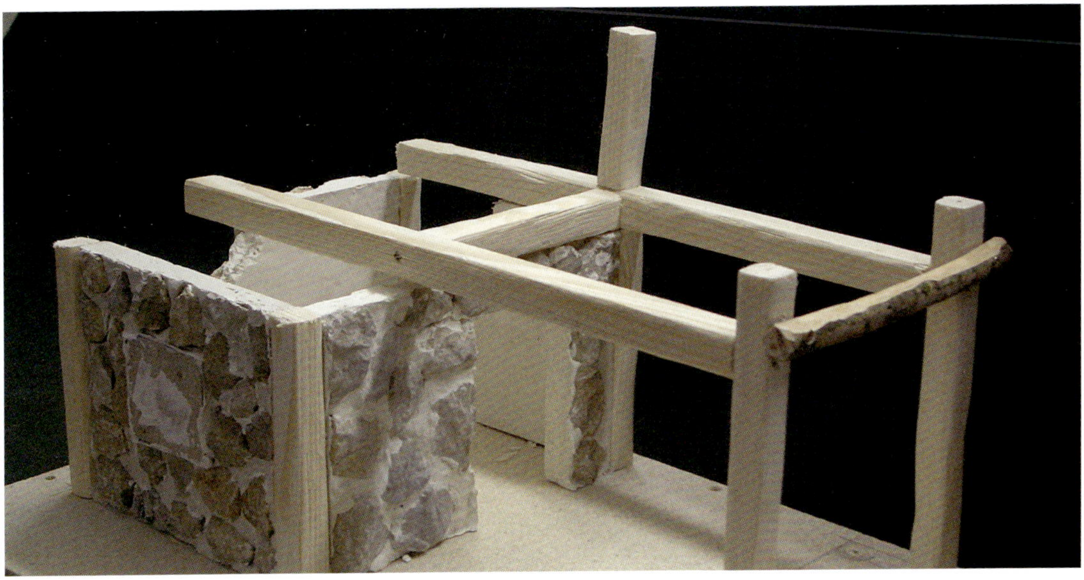

Aufbau Stallgiebel

Der Stallgiebel wird aus den Vierkanthölzern Nr. 15, 16 und 17 gebaut. Die Giebelbalken bleiben sichtbar und sollen daher vor dem Zusammenbau an ihren äußeren Seiten sorgfältig mit Messer, Drahtbürste und Schleifpapier bearbeitet werden. Alle Kanten und geraden Flächen mit dem Messer bearbeiten und anschließend bürsten.

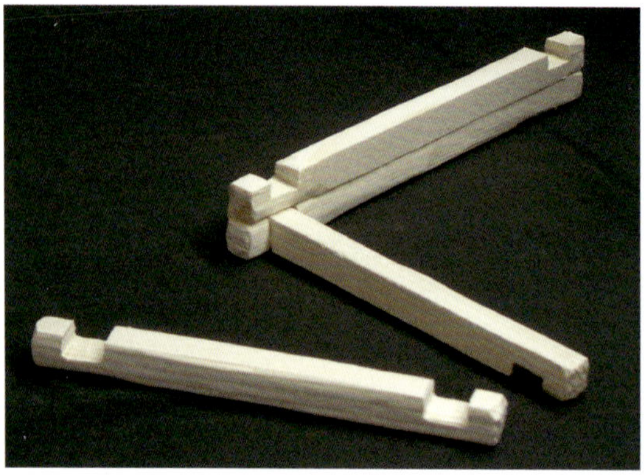

1 Die Giebelbalken Nr. 17 der Länge nach auf die Stallwand Nr. 2a auflegen. Der Überstand beträgt vorne 1,5 cm. Sie sind hinten bündig mit Stallwand 1b.

2 Vorher den Giebelbalken auf Höhe des Tragebalken Nr. 3a und 3b bis zur halben Stärke so einzapfen (siehe Tipp), dass er mit dem dann ebenfalls eingezapften Giebelbalken Nr. 16, der im rechten Winkel auf die Stallwand Nr. 1a aufgelegt wird, eine ebene Fläche bildet.

3 Giebelbalken Nr. 16 auf beiden Enden jeweils wieder bis zur Hälfte einzapfen. Der Überstand beträgt auf beiden Seiten 1,5 cm. Die Einzapfung wieder bündig über den beiden Tragebalken gestalten.

4 Den hinteren Giebelbalken Nr. 16 nur an einem Ende entsprechend einzapfen. Das andere Ende so ablängen, dass der Balken bis zum Firstträger Nr. 10 reicht. Auf der Montageskizze wurde auf die Einzapfung der hinteren Giebelzapfen Nr. 16 vollständig verzichtet.

5 Giebelbalken Nr. 15 auf einer Seite einzapfen. Der Überstand nach vorne beträgt 1,5 cm. Im rechten Winkel mit Giebelbalken Nr. 16 verzapfen und auf die Stallwand Nr. 2b auflegen.

6 Eine weitere Reihe Giebelbalken beginnend mit Nr. 17 über Stallwand Nr. 2a bzw. Stallwand 1a auf die gleiche Art zusammensetzen. Danach beide Reihen mit vier bis fünf Schrauben miteinander verschrauben.

7 Die Pfette Nr. 7 und den Firstbalken Nr. 9 entsprechend dem Profil in der Stückliste mit Messer oder Hobel auf die ganze Länge anschrägen.

8 Die Pfette Nr. 7 mit der Schräge nach oben auf dem obersten Giebelbalken Nr. 17 auflegen und festschrauben. Der Überstand nach hinten beträgt ca. 1 cm. Den Überstand vorne wieder mit Messer, Drahtbürste und Schleifpapier bearbeiten.

9 Die vorderen Giebelbalken Nr. 16 auf der rechten Seite so einzapfen, dass sich rechts ein Überstand von 1,5 cm ergibt. Links den Balken so weit kürzen und anschrägen, dass die Schräge mit der Schräge der Pfette Nr. 7 eine Linie bildet (siehe dazu auch Punkt 12 „Anschrägen des Giebelbalkens").

10 Einen weiteren Giebelbalken Nr. 15 einzapfen (Überstand 1,5 cm) und rechtwinkelig mit dem Giebelbalken Nr. 16 verzapfen.

11 Auf diese Weise den Giebel vorne und die kurze Innenseite mit Balken Nr. 16 bzw. Nr. 15 so weit aufbauen, bis die Höhe des Stützbalkens Nr. 10 auch vorne erreicht ist.

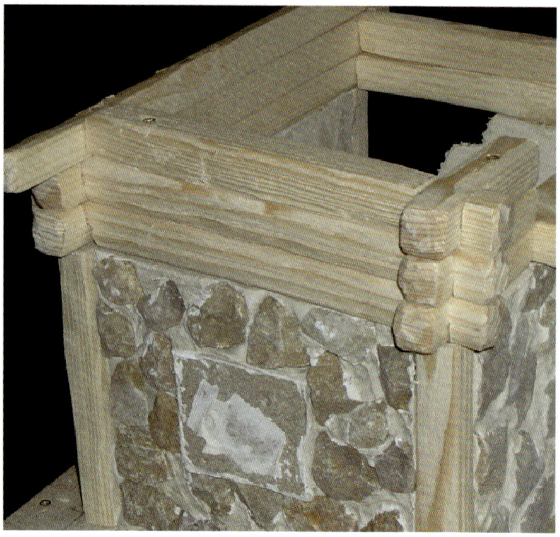

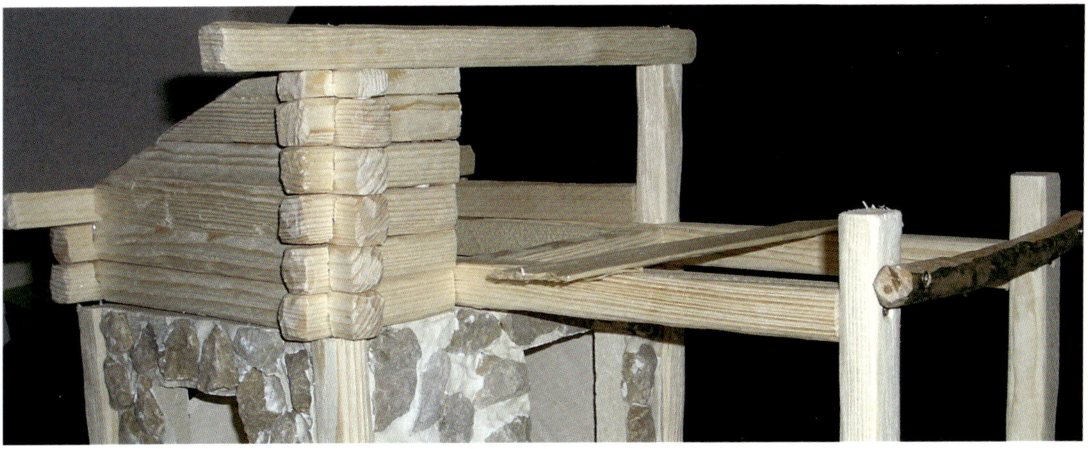

12 Anschrägen des Giebelbalkens: Genau eingepasste Giebelbalken erreicht man, wenn man auf das Anschrägen der Balken zunächst verzichtet. Einfach die Giebelwand vollständig bis zur Höhe des Stützbalkens Nr. 10 aufbauen und leicht ankleben. Den bereits angeschrägten Firstbalken Nr. 9 über den Stützbalken und den Giebel legen und, wie in der Montageskizze zu sehen, einen Sparren vor Pfette Nr. 7 zum Firstbalken legen. Den Sparren als Lineal benutzen und die genaue Schräge mit Bleistift an den Giebelbalken Nr. 16 markieren. Anschließend den Giebel nochmals auseinandernehmen, die Schrägen einzeln schneiden und wieder zusammensetzen.

13 Den Firstbalken dann von oben auf Firstträger und Giebel festschrauben.

14 Den hinteren Giebel auf die gleiche Art bis zur Höhe des Stützbalkens Nr. 10 aufbauen. Auf eine Einzapfung kann im rückwärtigen Bereich auch verzichtet werden. Die Giebelbalken entsprechend ablängen und wie beim vorderen Giebel beschrieben zwischen Pfette Nr. 7 und Firstträger Nr. 10 einpassen.

15 Die rechte Pfette Nr. 8 anschrägen, Überstände bearbeiten und auf Tragebalken Nr. 4a und 4b von oben aufschrauben, der Überstand hinten beträgt 1 cm.

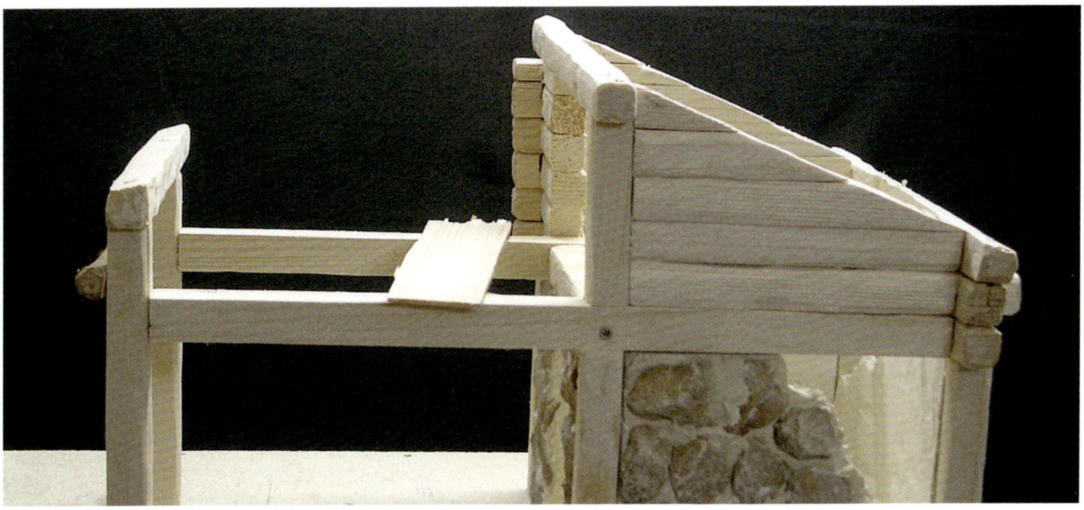

Heuboden

Die Brettchen zum Ablängen schneiden oder – etwas rustikaler – über eine stabile Kante mit einem kurzen, festen Druck mit der Hand brechen.

1 Für den Heuboden Brettchen quer über die Längsbalken Nr. 5a und 5b legen und mit Heißkleber befestigen – je nach Geschmack etwas nach vorne überstehen lassen. Dort, wo später die Laterne in dem offenen Stall hängen soll, bereits jetzt einen kleinen Haken in das entsprechende Brett drehen.

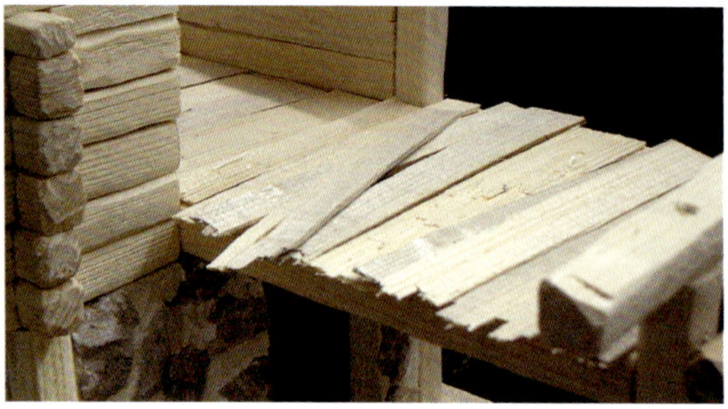

2 Als Auflage der Bretter über dem gemauerten Teil des Stalles am untersten Giebelbalken Nr. 16 der Länge nach noch eine kleine Leiste kleben.

3 Zwischen Querbalken Nr. 6 (Heuboden) und der Unterseite des Firstbalkens zwei schräg stehende Stützbalken Nr. 18 einpassen und festkleben. Die Stützbalken vorher mit Messer und Drahtbürste bearbeiten.

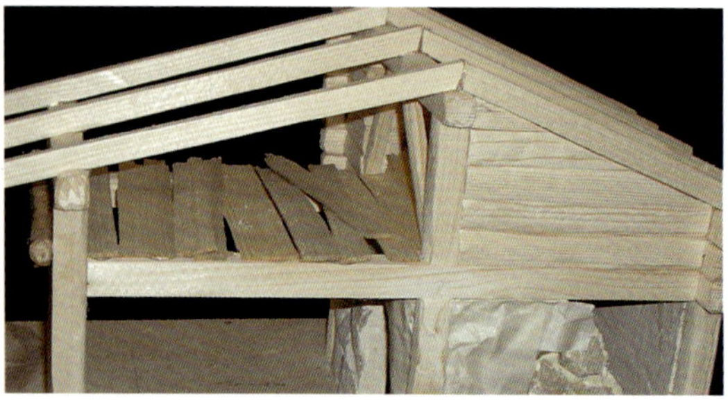

Heuboden mit Stützbalken zwischen Heuboden und Firstbalken

4 Den Querholm Nr. 14 zwischen den Tragebalken Nr. 3c und 4b einpassen und festkleben. Er soll außen bündig sein, mit 4 cm Abstand zur Grundplatte. Der Querholm Nr. 14 ist in der Montageskizze nicht dargestellt.

Dachaufbau

1 Die vorderen Sparrenpaare vor dem Befestigen mit Messer und Bürste bearbeiten.

2 Zunächst die drei Sparren Nr. 12 hochkant vorne über die Pfette Nr. 7 und den Firstbalken Nr. 9 legen und mit Heißkleber festkleben. Den vorderen Sparren an den Pfettenenden anbringen. Der Überstand links beträgt 3 cm bis 4 cm, der Überstand rechts oben 4 cm bis 5 cm.

3 Den zweiten Sparren Nr. 12 hochkant über die angeschrägten vorderen Giebelbalken Nr. 16 legen und festkleben.

4 Den dritten Sparren Nr. 12 etwas vor dem Längsbalken Nr. 5a anbringen.

5 Die Sparren Nr. 11 und Nr. 13 werden paarweise und hochkant von Pfette Nr. 7 über Firstbalken Nr. 9 bzw. vom Firstbalken zur Pfette Nr. 8 gelegt und mit Heißkleber befestigt. Die Sparren an einer Stirnseite mit dem Messer so anschrägen, dass sie bündig zusammenstoßen. Der Überstand ist links wie bei Sparren Nr. 12 und rechts nach Belieben.

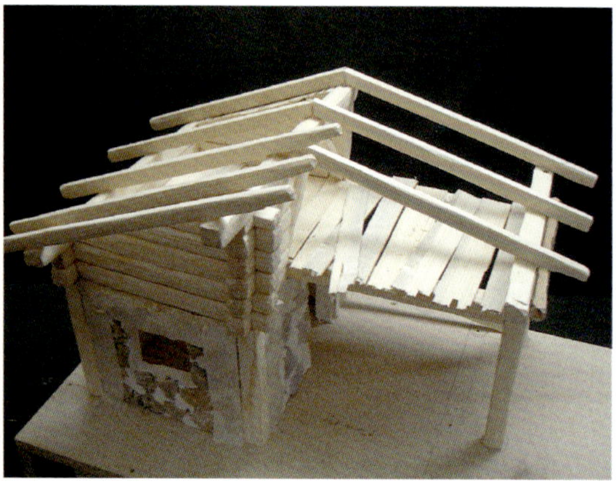

6 Das hintere Sparrenpaar in einer senkrechten Linie zum Längsbalken Nr. 5 und dem Querholm Nr. 14 anbringen.

Farbanstrich

1 Nachdem der Rohbau soweit fertiggestellt ist, kann er nun mit brauner Holzbeize gestrichen werden. Vorher die Rahmenteile für das Fenster und die Türe aus den Rahmenleisten Nr. 27 zuschneiden und einpassen. Vor dem Einkleben die Rahmenleisten beizen.

2 Damit der braune Anstrich des Stalles nicht zu kräftig wird, die Beize mit etwas Wasser verdünnen. Für das Dach etwas graue Beize zum Braunton hinzufügen. In jedem Fall einen Probeanstrich durchführen.

3 Alle Klebeflächen, an denen die Holzverkleidung angebracht wird, die äußeren Flächen der Querholme und die oberen Seiten der Sparren nicht beizen.

4 Um unbeabsichtigte Farbe an der Stallmauer zu vermeiden, diese vorher etwas abkleben.

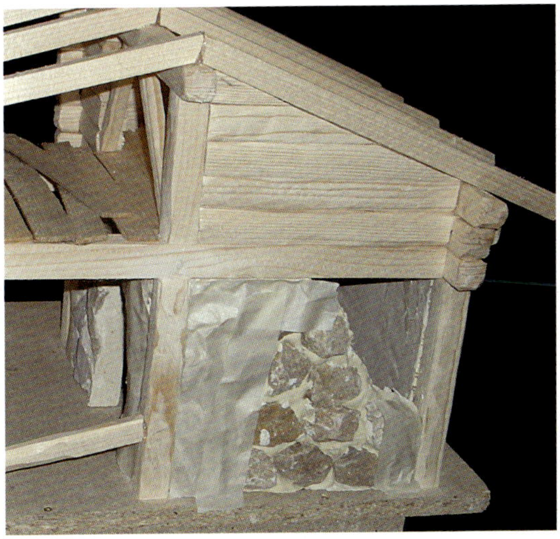

Abdecken der Steinmauer

5 Nach dem Trocknen der Beize können die Flächen – insbesondere die nach vorne sichtbaren Teile und später das Dach – mit einem fusselfreien Lappen und dunklem Holzwachs nochmals behandelt werden.

Tipp: Sie können die Stallmauer beim Beizen der umliegenden Balken auch mit Kreppklebeband abkleben.

Bretterverschlag

1 Im hinteren Bereich neben der Steinmauer Nr. 1b den Bretterverschlag anbringen. Die Holzbrettchen in verschiedenen Breiten ablängen. Die Bretter durchgehend vom Dach bis zur Grundplatte an den jeweils äußeren Sparren, Längsbalken und dem Querholm mit Heißkleber befestigen. Ein unregelmäßiger Verschlag mit Lücken und bereits beschädigten Verschlagbrettern verstärkt den Eindruck eines alten Stalles.

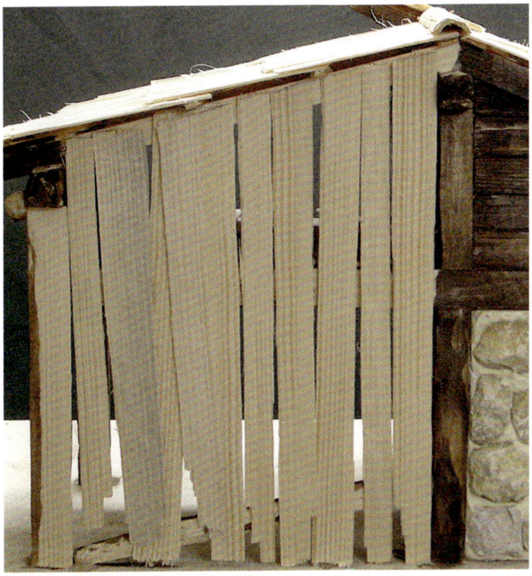

2 Anschließend den Verschlag in Erdbraun beizen.

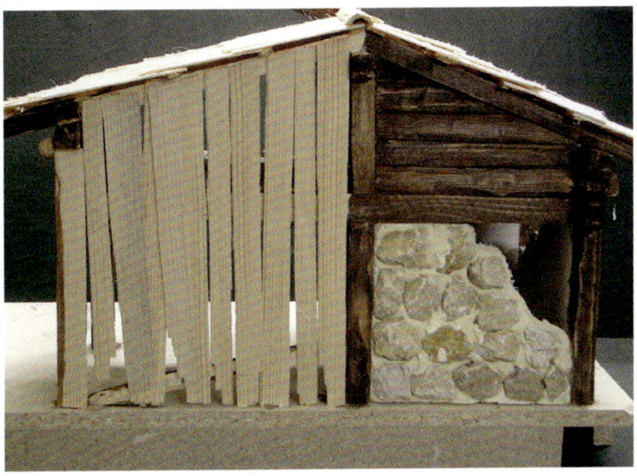

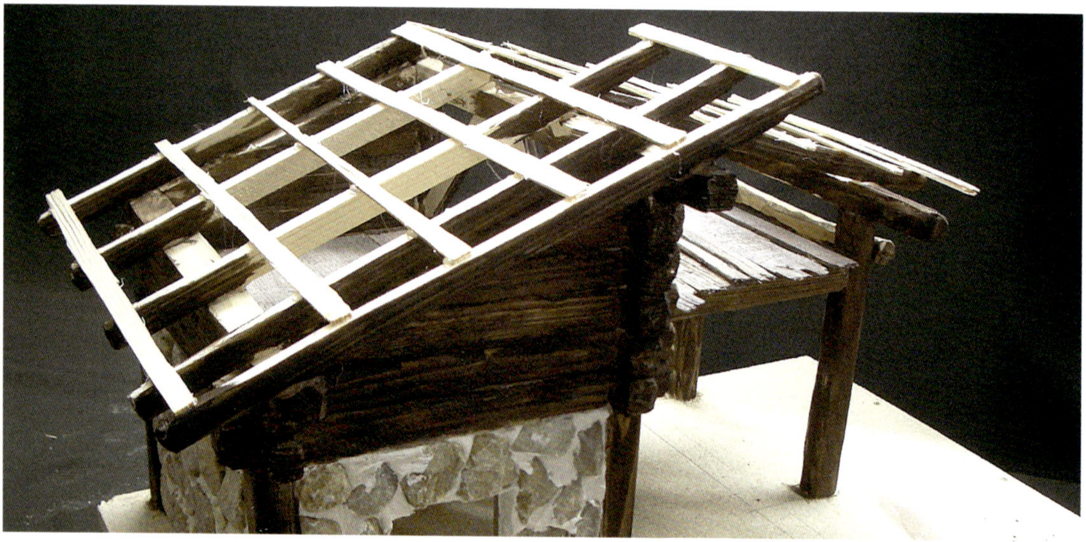

Dachschindeln

1 Für die Dacheindeckung mit Schindeln Dachlatten auf die Sparren kleben. Eine Lattung immer am äußeren Ende der Sparren und eine durchgehende Lattung am oberen Ende der Sparren beim Giebel anbringen. Jeweils drei weitere Dachlatten gleichmäßig auf jede Dachhälfte und den Anbau verteilen.

2 Als Dachschindeln Holzbrettchen verwenden. Die Schindeln sollen in der Länge über etwas mehr als zwei Dachlatten reichen. Sie können in der Länge entweder geschnitten oder – etwas rustikaler – auch gebrochen werden.

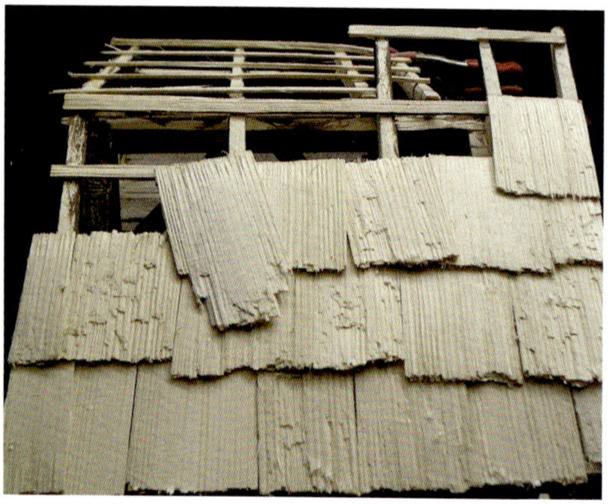

3 Bei der Dacheindeckung mit der untersten Schindelreihe beginnen. Die nächste Schindelreihe mit Heißkleber etwas überlappend auf die untere Reihe kleben.

4 Um einen durchgehenden Stoß über das ganze Dach zu vermeiden, die Reihen abwechselnd mit einer schmalen und einer breiten Schindel beginnen. Am First die Schindeln zusammenstoßen lassen.

5 Als Firstkappe einen Holunderast mit einer Stichsäge längs halbieren. Das weiche Innere des Astes entfernen und den Ast über die gesamte Tiefe des Daches aufkleben.

6 Das Dach nach Fertigstellung braun beizen. Die Beize mit etwas Grau mischen, vorher eine Probebeizung durchführen.

Grundplatte

1 Zur Gestaltung eines Geländes die Grundplatte Nr. 23 mit Stall und Abstandsleisten auf der Grundplatte Nr. 24 mit Senkkopfschrauben befestigen. Die Platten sind an der Rückseite bündig, der Überstand beträgt links 4 cm bis 5 cm.

2 Vorher die Schnittkanten der Grundplatte Nr. 24 mit den Randleisten Nr. 28 verkleiden. Die Randleisten in Länge schneiden, mit kleinen Nägeln und Leim befestigen, mit Schleifpapier bearbeiten und braun beizen.

Anbau rechts

1 Die Tragebalken mit Messer und Drahtbürste bearbeiten. Beide Tragebalken Nr. 19 von unten auf der Grundplatte Nr. 24 festschrauben. Die Entfernung zum Tragebalken Nr. 4b beträgt ca. 13 cm, der Abstand untereinander ebenfalls ca. 13 cm.

2 Die Pfette Nr. 20a mit scharfem Messer oder Hobel anschrägen (Profil siehe Stückliste) und von oben auf den beiden Tragebalken Nr. 19 festschrauben. Der Überstand hinten beträgt ca. 1 cm, den Überstand vorne bearbeiten.

3 Zwischen den beiden Tragebalken Nr. 19 sowie zwischen den Tragebalken Nr 4b und 19b Querholme Nr. 22 in Länge schneiden. Die Querholme passgenau einkleben: Sie sind nach außen bündig, der Abstand zur Grundfläche beträgt ca. 4 cm.

4 Den Dachsparren Nr. 21 hochkant auf Pfette 20b und 20a aufkleben. Den hinteren Sparren senkrecht über dem Querholm Nr. 22 befestigen. Den vorderen Sparren bearbeiten und an den vorderen Pfettenenden befestigen. Die restlichen Sparren Nr. 21 gleichmäßig auf dem Dach verteilen, der Dachüberstand ist beliebig.

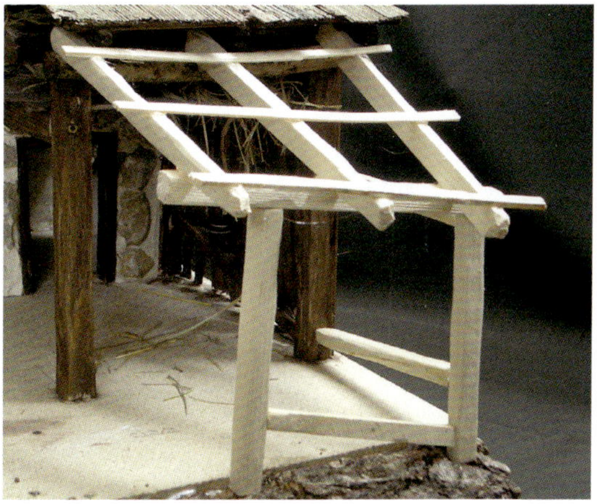

Anbau mit den Querholmen Nr. 22

5 Anschließend die Dachlattung und die Dachschindeln wie auf dem Stalldach anbringen und festkleben.

6 Den Bretterverschlag wie auf Seite 29 beschrieben anbringen.

7 Den Anbau rechts beizen. Der Krippenstall ist damit fertig.

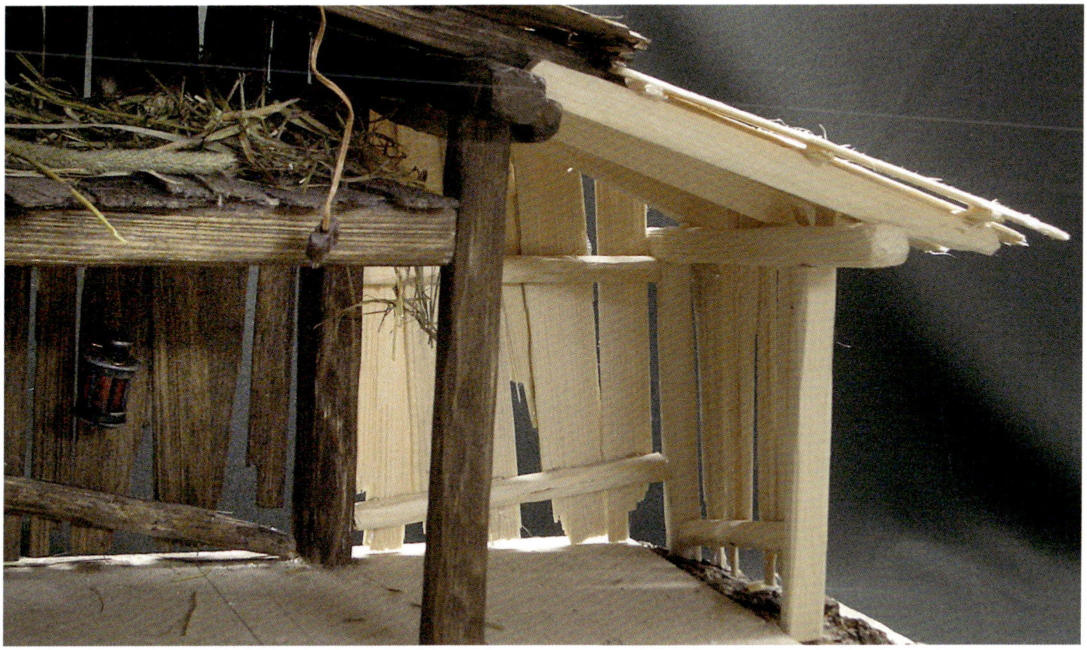

Dachgestaltung

Auf das Dach können zum Beschweren der Dachschindeln Steine mit Heißkleber aufgeklebt werden. Als Schneefang am Ende der beiden Dachhälften ca. 1 cm starke, runde Äste aufkleben. Zur weiteren Ausgestaltung des Daches etwas Baummoos aufkleben.

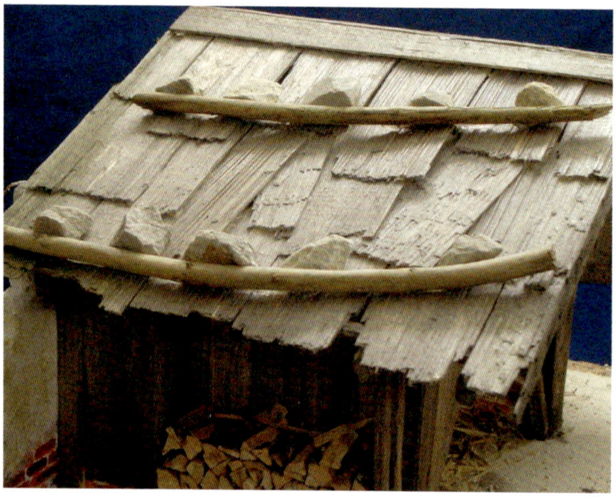

Elektrische Beleuchtung

Zum Aufhängen einer Stalllaterne in den Heuboden einen kleinen Haken drehen. Das Stromkabel durch die rückwärtige Stallwand führen, dazu evtl. nochmals ein Brett entfernen und neu aufkleben. Dort eine Batterie oder einen Trafo anschließen.

Hinweis: Die weitere Ausgestaltung des Stallbodens, der Grundplatte, des Daches, eines Geländes, das Anbringen von Zäunen und Bäumen entnehmen Sie bitte der Beschreibung auf den Seiten 60 ff.

Tipp: Laternen und Trafos sowie Tröge, Brunnen, Karren, Besen, Gabeln etc. sind auf Weihnachtsmärkten oder im Baumarkt erhältlich.

Diese Krippe besteht aus einer Scheune mit Heuboden und einem nach rechts verlaufenden Schleppdach. Die größere Variante der Krippe eignet sich für Figuren von 10 cm bis 13 cm Größe, die kleinere Variante für Figuren bis zu einer Größe von 11 cm. Das Stallgebäude ist nach vorne hin abgesetzt.

Der Krippenstall kann an der Vorderfront mit einem Bretterverschlag (Bild Seite 34), einer verputzten Mauer (Bild Seite 39) oder mit einer Steinmauer (Bild Seite 33) gebaut werden.

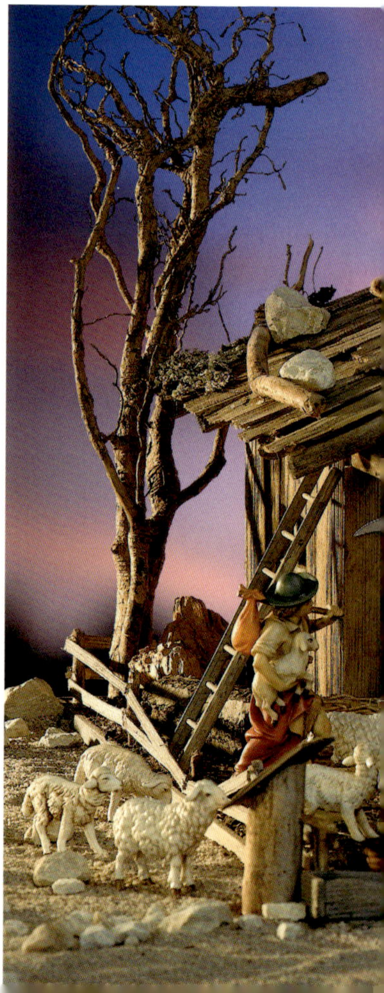

Krippe im Morgenrot

etwas mehr Aufwand, der sich lohnt

Darüber hinaus kann jede der drei Varianten in zwei verschiedenen Größen gebaut werden. Das Aussehen bleibt dabei gleich.

Die Montage der kleineren Varianten unterscheidet sich nicht vom Bau der größeren Modelle, sodass die Montageanleitung von Seite 35–41 für alle Modelle verwendet werden kann.

In den nachfolgenden Bauanleitungen wird der Zusammenbau der Krippe beschrieben. Ihr bastlerisches Können sollte so sein, dass Ihnen der Umgang mit dem benötigten Werkzeug nicht vollständig fremd ist.

Wenn Sie sich für eine der angebotenen Varianten entschieden haben, sollten Sie in jedem Fall vor dem Materialeinkauf das Kapitel „Bevor es losgeht“ (vordere Umschlagklappe) lesen. Die Stückliste und Montageskizze der kleineren Variante finden Sie auf Seite 46.

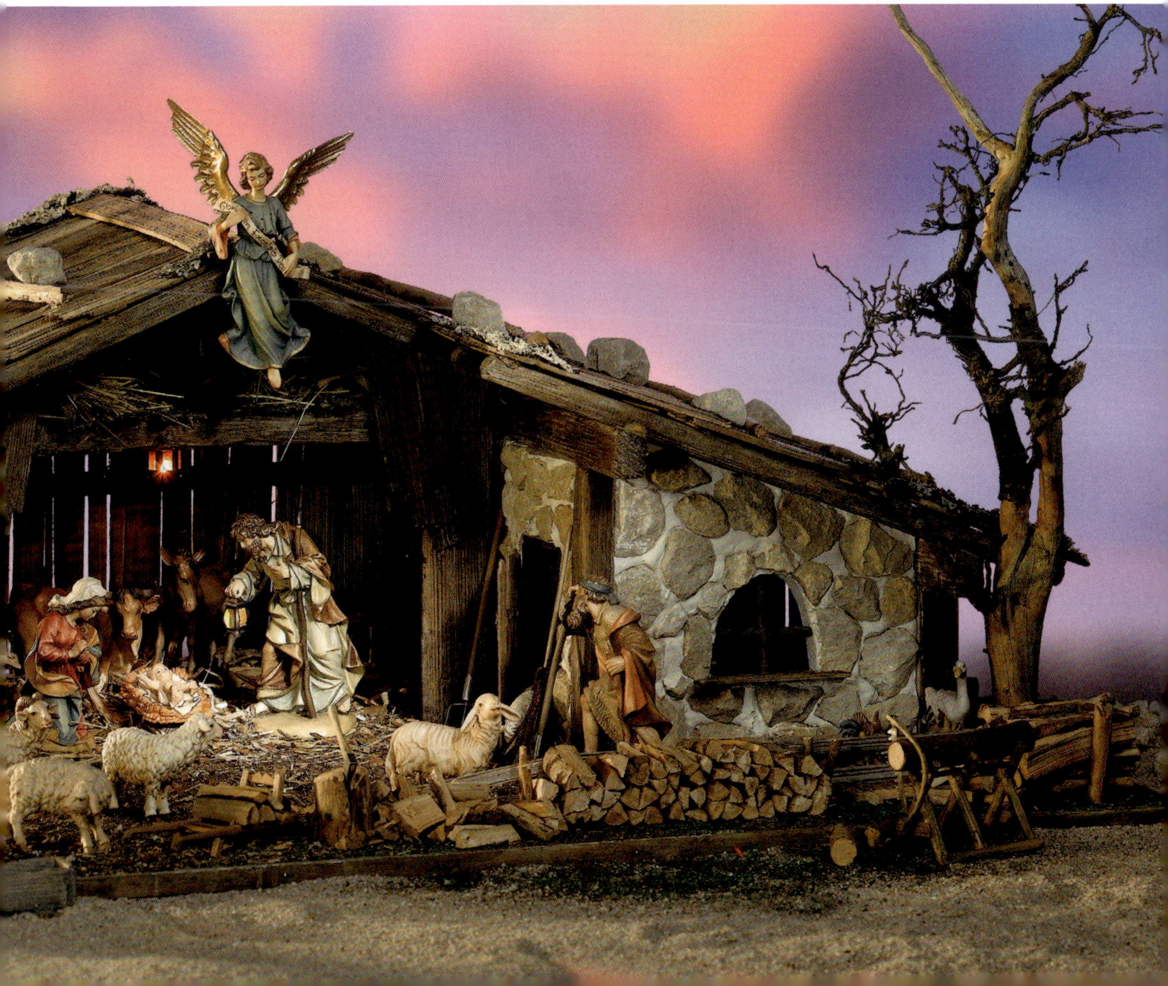

Krippe im Morgenrot, große Variante mit Holzverschlag am Vorbau

Die Stückliste und Montagskizze der kleineren Variante finden Sie auf Seite 46. Die größere Variante von Krippe A erfordert etwas mehr Zeitaufwand.

Maße der Krippe: Diese Krippe hat eine Breite von 70 cm, eine Tiefe von 42 cm und eine Höhe von 31 cm (Stall ohne Grundplatte).

Die Grundplatte, auf die das Stallgebäude geschraubt wird, kann natürlich beliebig groß gewählt werden, sollte jedoch nicht kleiner als 80 cm x 60 cm sein. Berücksichtigen Sie bei der Größe der Grundplatte, dass die Krippe durch Türen transportiert werden und auch aufbewahrt werden muss, wenn sie nicht mehr benötigt wird.

Hinweis: Komplette Bausätze können beim Autor bestellt werden (siehe Impressum Seite 64).

Größere Variante mit Holzverschlag am Vorbau

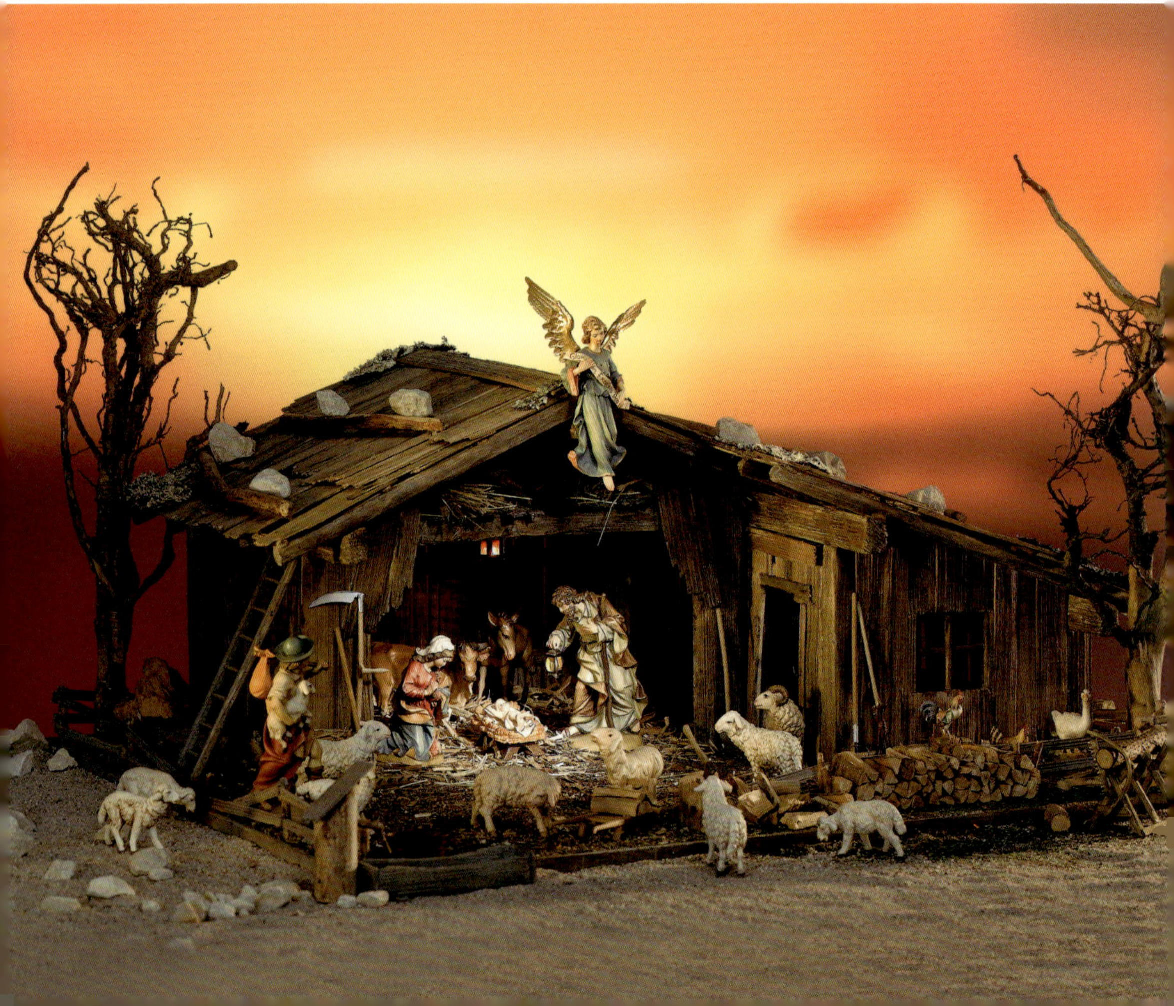

Stückliste für große Variante

Nr.	Bezeichnung	Profil/Material (Maße in cm)	Maße in cm	Anzahl
1	Tragebalken	Vierkant	2,2 x 5 x 18	2
2	Pfette	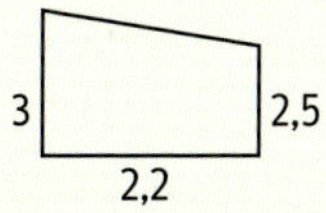	2,2 x 3 x 34	1
3	Pfette	wie Pfette Nr. 2	2,2 x 3 x 47	2
4	Querbalken	Vierkant	2,2 x 2,2 x 38	2
5	Tragebalken	Vierkant	2,2 x 2,2 x 18	3
6	Tragebalken	Vierkant	2,2 x 2,2 x 10	2
7	Firstträger	Vierkant	1,5 x 2,2 x 6,2	2
8	Firstbalken	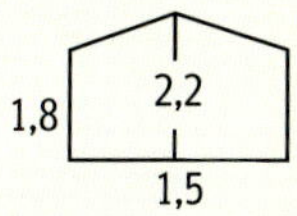	1,5 x 2,2 x 34	1
9	Strebe	Vierkant	1 x 1 x 9	2
10	Sparren	Vierkant	1,5 x 1 x 29	10
11	Sparren	Vierkant	1,5 x 1 x 30	5
12	Sparren	Vierkant	1,5 x 1 x 40	2
13	Querholm	Vierkant	1,5 x 1 x 38	2
14	Querholm	Vierkant	1,5 x 1 x 20	2
15	Querholm	Vierkant	1,5 x 1 x 34,4	2
16	Querholm	Vierkant	1,5 x 1 x 19,6	2
17	Stallwand	Brett	12,6 x 18 x 1	1
18	Stallwand	Brett	20,5 x 20 x 1	1
19	Rahmenholz	Vierkant	2 x 0,5 x 30	2
20	Randleiste	Vierkant	1,5 x 0,5 x 80	4
21	Grundplatte	Pressspan	ca. 60 x 80 x 1	1

MATERIAL

* Vierkant-Leisten in laufenden Metern
  2,2 cm x 5 cm, 0,4 lfm
  2,2 cm x 3 cm, 1,5 lfm
  2,2 cm x 2,2 cm, 1,7 lfm
  2,2 cm x 1,5 cm, 0,5 lfm
  1,5 cm x 1,0 cm, 8,2 lfm
  1,0 cm x 1,0 cm, 0,2 lfm
  1,5 cm x 0,5 cm, 3,2 lfm

Die Stückliste ist für **alle** großen Varianten der Krippe (Stallvorbau mit verputzter Mauer oder/und Stallvorbau mit Steinmauer bzw. Stallvorbau mit Bretterverschlag) zu verwenden. Bei der Variante mit Steinmauer werden die beiden Stallwände Nr. 17 und Nr. 18 nicht benötigt.

Das Werkzeug und sonstige Material, das Sie benötigen, sind auf den Umschlagklappen aufgeführt.

Zusätzlich benötigen Sie für Holzverschläge und Dacheindeckung pro Krippe Bretter von ca. 4 bis 6 Salat- oder Obstkisten.

Montageskizze für große Variante

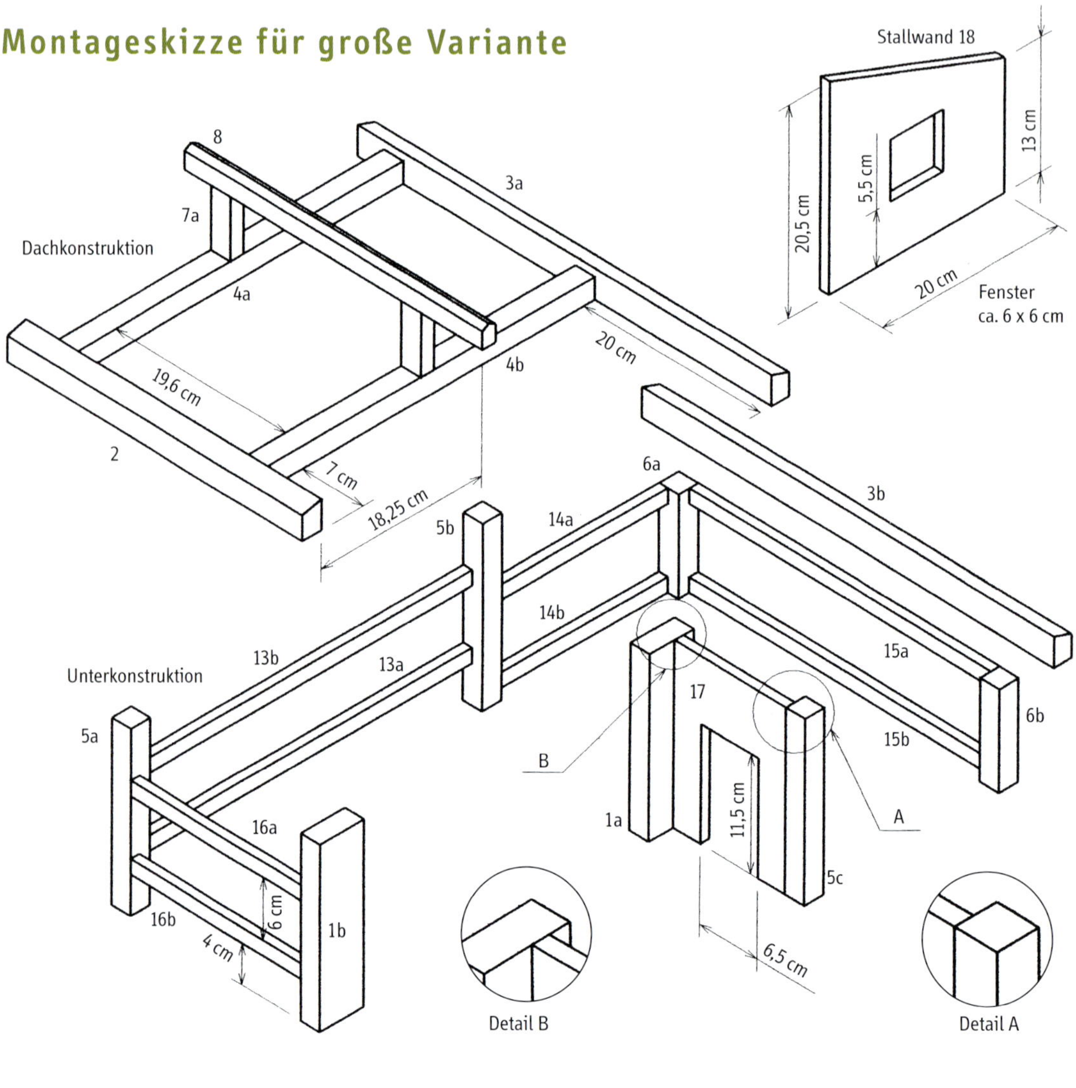

Montage für alle Varianten und Größen

Die folgende Montageanleitung gilt für alle Varianten der Krippe in allen Größen.

Für die größere Variante der Krippe sind die Maße der Montageskizze auf Seite 36 maßgeblich, für die kleinere Variante die Maße der Montageskizze auf Seite 45.

Unterkonstruktion

1 Vor dem Zusammenbau werden die Schnittflächen und -kanten der sichtbaren Teile mit Messer und Drahtbürste entsprechend den Angaben auf den Umschlagklappen bearbeitet.

2 Tragebalken 1b und 5a mit den beiden Querholmen 16a und 16b zusammenschrauben (Abstände siehe Skizze). Die Breitseiten der Querholme sollten immer außenbündig an den Tragebalken befestigt werden.

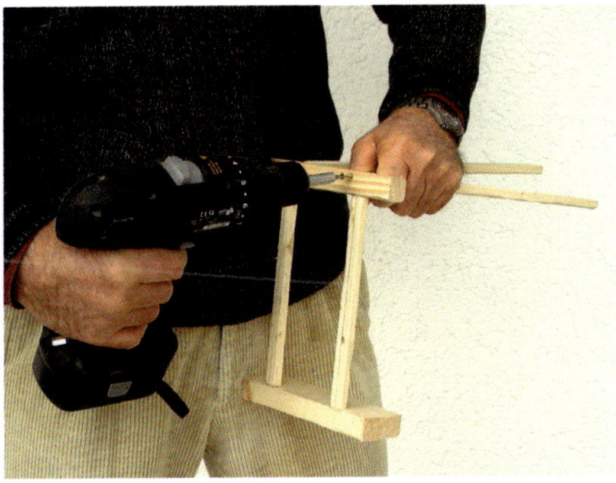

3 Tragebalken 5a und 5b mit den beiden Querholmen 13a und 13b zusammenschrauben. Hier sind die Abstände beliebig; sie sollten ca. 3 cm bzw. 14 cm von der unteren Stirnseite der Tragebalken entfernt sein.

4 Restliche Tragebalken und Querholme bis zum Tragebalken 6b wie auf der Montageskizze auf Seite 36 zusammenschrauben. Dabei die Querholme in der Höhe etwas versetzt anbringen.

5 Pfette 3b über die Tragebalken 6b und 6a legen und von oben anschrauben. Vorher die Pfette auf der ganzen Länge mit scharfem Messer oder Hobel entsprechend dem Profil aus der Stückliste (siehe Seite 35) anschrägen. Die Pfette steht vorne ca. 3 cm über.

6 Schrauben etwas versenken.

7 Pfettenenden mit Drahtbürste und Messer bearbeiten (siehe Umschlagklappen).

8 Nachdem nun die Unterkonstruktion soweit fertiggestellt ist, wird diese auf der vorher auf Maß geschnittenen Grundplatte befestigt. Dazu die Unterkonstruktion auf die Grundplatte stellen, im rechten Winkel ausrichten; Standort der Tragebalken mit Bleistift markieren (Abstand der Tragebalken zur hinteren Schnittkante der Grundplatte ca. 6 cm) und dann von unten mit Schrauben befestigen; Bohrungen an der Unterseite der Grundplatte ansenken.

9 Anschließend können zwischen den beiden Querholmen Nr. 16 (auf der linken Seite) zwei senkrechte Holme eingepasst werden, die als Fensterrahmen dienen.

10 Anschließend auch die beiden Tragebalken 5c und 1a auf der Grundplatte befestigen (im rechten Winkel ausrichten; Maße siehe Stallwände Nr. 17 und 18, die später dazwischen gesetzt werden). Der Zusammenbau der Unterkonstruktion ist damit zunächst abgeschlossen.

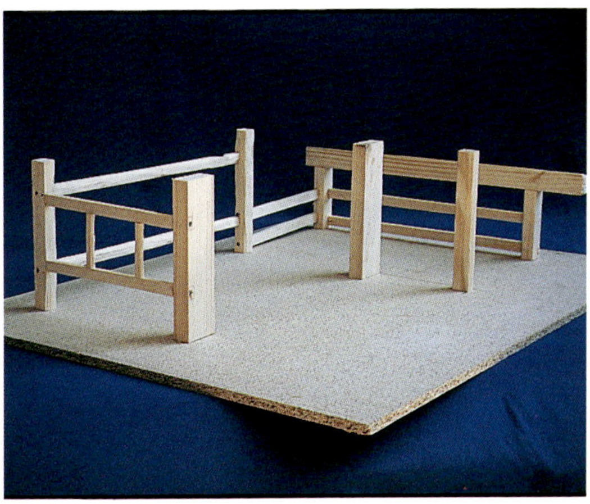

Dachkonstruktion

1 Pfetten 2 und 3a mit den Querbalken 4a und 4b entsprechend der Montageskizze verschrauben und dabei Holzleim verwenden. Vorher Pfetten 2 und 3a auf der ganzen Länge entsprechend der Profilskizze der Stückliste mit Messer oder Hobel anschrägen.

2 Schnittflächen und Schnittkanten der Pfettenüberstände sowie die von vorne zu sehenden Schnittflächen der Querbalken 4 mit scharfem Messer, Drahtbürste und Schleifpapier bearbeiten (Maße siehe Montageskizze Seite 36).

3 Firstträger 7a und 7b von unten mittig auf die Querbalken 4 schrauben.

4 Die nach vorne gerichteten Schnittflächen und Kanten werden wieder bearbeitet.

5 Firstbalken 8 zweiseitig anschrägen (siehe Profilskizze auf der Stückliste) und von oben auf die Firstträger schrauben. Der Firstbalken steht, wie die beiden Pfetten 2 und 3a, hinten ca. 3 cm über. Kanten und Schnittflächen vorher wieder bearbeiten.

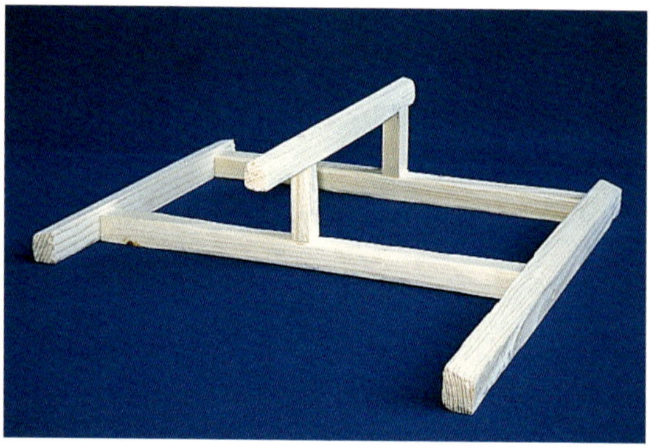

6 Nachdem die Dachkonstruktion fertig gestellt ist, wird diese auf die Tragebalken der Unterkonstruktion aufgelegt, ausgerichtet und dann von oben mit den Tragebalken verschraubt. Dabei wird die Pfette 2 so ausgerichtet, dass sie außen bündig mit den beiden Querholmen 16 und der Querbalken 4b hinten ebenfalls außen bündig mit den beiden Querholmen 13 eine senkrechte Linie bildet.

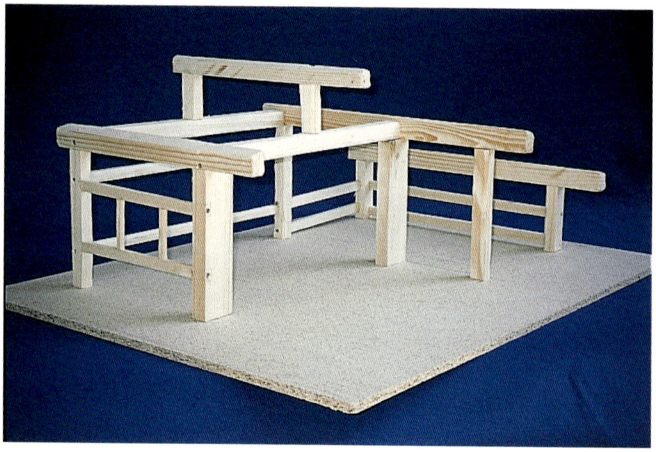

Die verschiedenen Wände für den Stallvorbau

Soll der **Stallvorbau mit einer Steinmauer** gestaltet werden, arbeiten Sie bitte wie auf S. 40 beschrieben weiter.

1 Beim **Stallvorbau mit verputzter Mauer oder mit Bretterverschlag** werden zunächst an den beiden Stallwänden 17 und 18 entsprechend der Montageskizze die Türe und das Fenster ausgeschnitten. Die Stallwand 18 auf Maß schneiden (Schräge). Die Wände können mit Leim oder auch mit Heißkleber an den Tragebalken innen und an der Grundplatte festgeklebt werden.

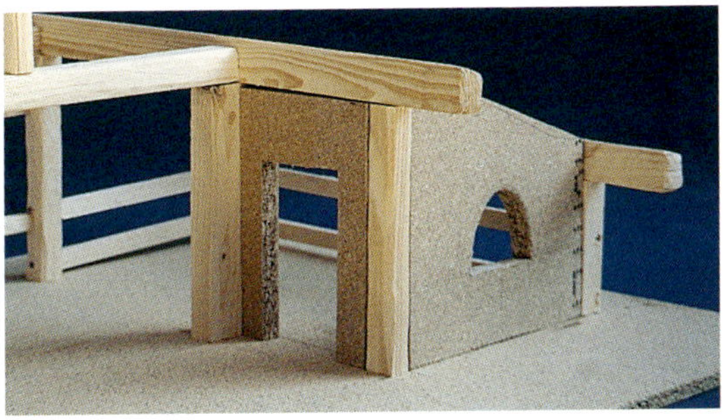

2 Beim **Stallvorbau mit verputzter Mauer** werden die beiden Stallwände nach dem Einbau innen und außen mit einer Gipsmasse aus Moltofill bestrichen. Vorher sollten die Stallwände jedoch mit wasserverdünntem Holzleim eingestrichen werden. Für die Gipsmasse wird Moltofill in einem entsprechenden Behälter mit Wasser und reichlich Holzleim cremig angerührt, eventuell Abtönfarbe (beige) hinzufügen.

3 Die Gipsmasse mit Spachtel auf die Stallwände ca. 2 mm dick auftragen, die Tragebalken dabei frei lassen. Die Schnittflächen der Fenster ebenfalls bestreichen, wenn kein Fensterrahmen vorgesehen ist.

4 Nach dem Trocknen der Wände (ca. 2 Tage) können sie mit Patina und etwas Öl auf „alt" bemalt werden (siehe Umschlagklappen).

5 Möchten Sie Teile der Stallwände mit abgefallenem Verputz und sichtbarem Mauerwerk darstellen, so sollten Sie diese Bereiche vor dem Patinieren nochmals mit einer rot eingefärbten Gipsschicht bestreichen (Abtönfarbe beimengen).

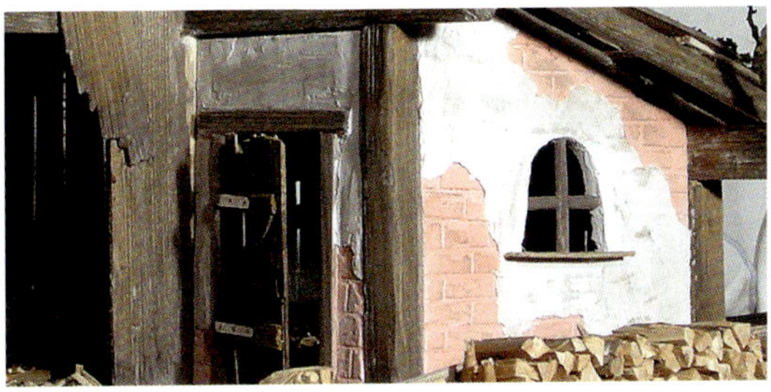

6 Nachdem die Gipsschicht etwas angetrocknet ist (3 bis 4 Stunden) können mit einem Streichholz die Rillen zwischen den „Mauersteinen" in die Gipsschicht geritzt werden.

7 Nach dem vollständigen Antrocknen sollte an den Übergängen der Mauersteine zur weißen Stallwand nochmals eine 1 mm bis 2 mm dicke weiße Gipsschicht aufgebracht werden.

8 Wenn alles angetrocknet ist, können die Wände etwas patiniert werden.

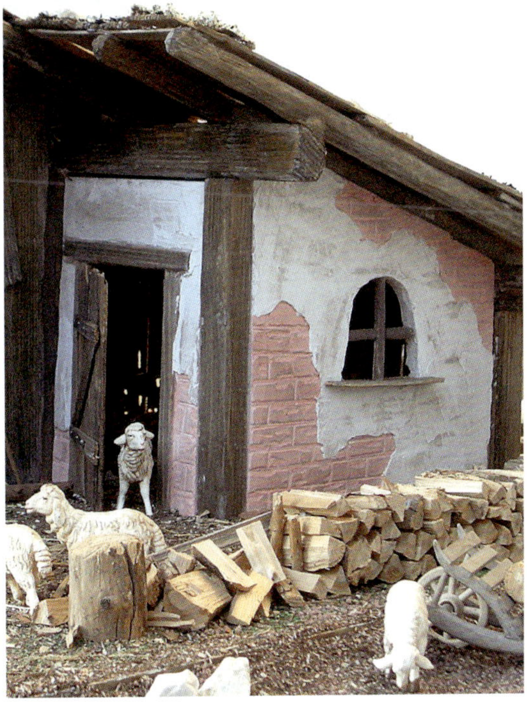

Vorbau mit verputzter Mauer

Stallvorbau mit Steinmauer

1 Die Steinmauer ersetzt die Stallwände 17 und 18 und sollte eine Wandstärke von ca. 2 cm haben.

2 Holzrahmen für Stallwand 17 und 18 zusammenschrauben. Die Innenmaße der Rahmen entsprechen den Fertigmaßen der beiden Stallwände. Die Rahmenhöhe ist wie die Mauerstärke mindestens 2 cm.

3 Beide Rahmen nebeneinander auf eine glatte Unterlage legen und dort leicht festschrauben.

4 Auf die Unterlage Plastikfolie oder Ähnliches legen, damit die fertige Mauer später leichter von der Unterlage abzuheben ist.

5 Türfläche (auf Mauer 17) und Fensterfläche (auf Mauer 18) aus einem ca. 2 cm starken Brett ausschneiden, in den entsprechenden Rahmen setzen und festschrauben. Maße der Türen und Fenster siehe Montageskizze (Seite 36).

6 Dickflüssige Gipsmasse (Moltofill) anrühren und beide Rahmen damit bis ca. 1/3 der Mauerstärke auffüllen.

7 Zum Stabilisieren engmaschiges Drahtgeflecht (z. B. Hasenstallgitter) leicht in die Gipsmasse drücken. Vorher Drahtgeflecht entsprechend zuschneiden; dabei auch Fensterfläche und Tür ausschneiden.

8 Rahmen mit Gipsmasse zu ca. 2/3 auffüllen.

9 Bereitgelegte ca. 2,5 cm große Kiesel- oder/und Schottersteine möglichst nahe nebeneinander leicht in die Gipsmasse drücken. Beide Rahmen vollständig mit Steinen auslegen, nur die Tür und das Fenster bleiben frei.

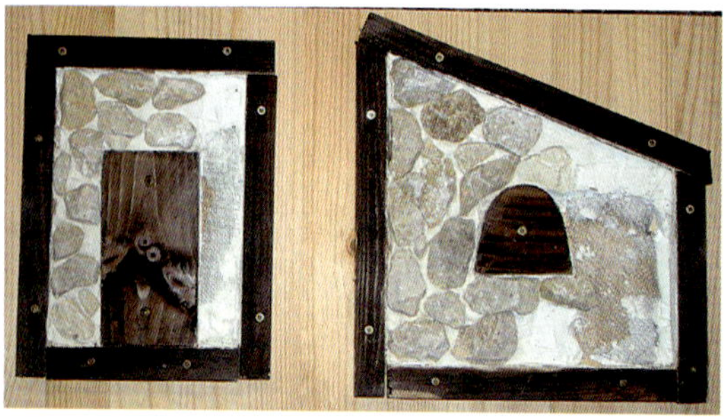

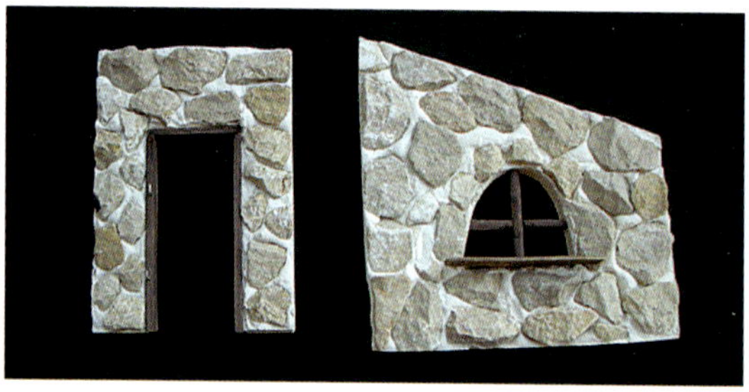

10 Nach dem Austrocknen der Mauer (3 bis 4 Tage) Rahmen, Tür und Fensteraussparung vorsichtig entfernen.

11 Fertige Mauer zwischen die Tragebalken setzen und innen an Grundplatte und Tragebalken mit Heißkleber oder Holzleim befestigen. Ggf. Mauerwerk mit Holzraspel nachbearbeiten.

12 Türrahmen und evtl. Fensterbrett aus Holz fertigen und einkleben.

Stallvorbau mit Steinmauer

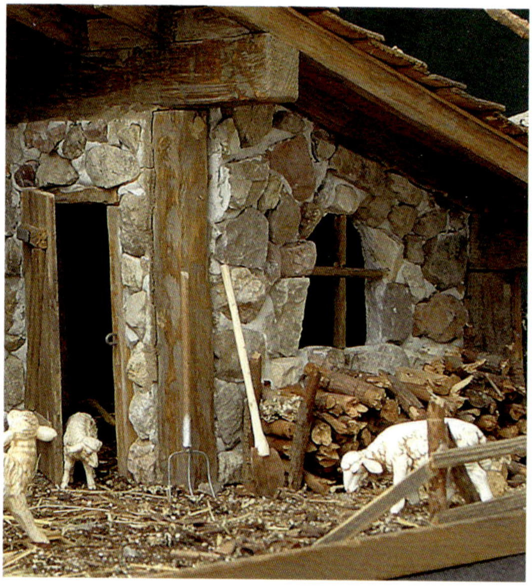

Einbau des Heubodens für alle Varianten

1 Bretter aus Obst- oder Salatkisten ca. 1 cm bis 2 cm breit schneiden und waagrecht auf Querbalken 4a und 4b kleben.

2 Auf der Vorderseite der Krippe die Bretter ca. 2 cm überstehen lassen; auf der Rückseite sollten sie bündig mit dem Querbalken abschließen.

Dachstuhl für alle Varianten und Größen

1 Zur Fertigstellung des Rohbaus werden die Dachsparren aufgeklebt. Sparren 10 hochkant und paarweise vom Firstbalken 8 zur Pfette 2 bzw. zur Pfette 3a legen und mit Heißkleber befestigen.

2 Sparren stirnseitig schräg schneiden, damit sie bündig zusammenstoßen.

3 Sparren an Pfette 2 ca. 4 cm überstehen lassen. Die Sparren auf der rechten Seite liegen nur ca. 1 cm auf der Pfette 3a auf. Entsprechend zuschneiden.

4 Jeweils ein Sparrenpaar am vorderen und hinteren Ende der Pfetten anbringen.

5 Jeweils ein Sparrenpaar wird außen senkrecht über dem Querbalken 4a und 4b angeklebt. Das restliche Sparrenpaar mittig festkleben.

6 Sparren 11 hochkant als Verlängerung der Sparren 10 von der Pfette 3a zur Pfette 3b legen und aufkleben.

7 Sparren an Pfette 3b ca. 4 cm überstehen lassen.

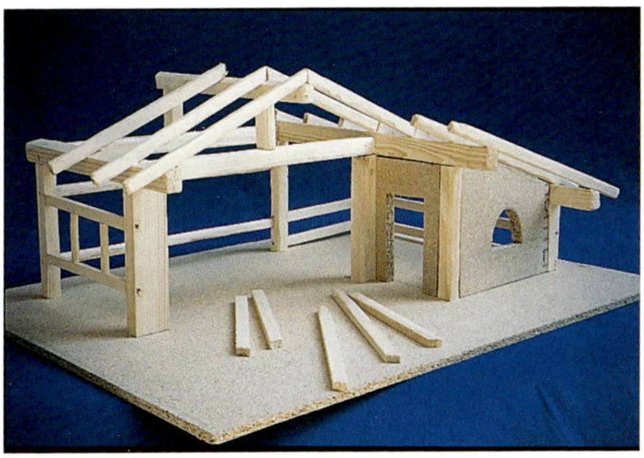

8 Die beiden Sparren 12 über dem Vorbau anbringen.

9 Vor dem Aufkleben Sparrenüberstände und Schnittflächen der vorderen Sparren mit Messer, Drahtbürste und Schleifpapier bearbeiten.

10 Einen Sparren am vorderen Pfettenende, den zweiten Sparren über der Stallwand außen bündig anbringen.

11 Streben 9 als Schrägversteifung am vorderen Giebel zwischen Querbalken 4a und Sparren schräg einpassen und festkleben.

12 Vorher Streben mit Messer, Bürste und Schleifpapier bearbeiten.

13 Rohbau mit Holzbeize anstreichen.

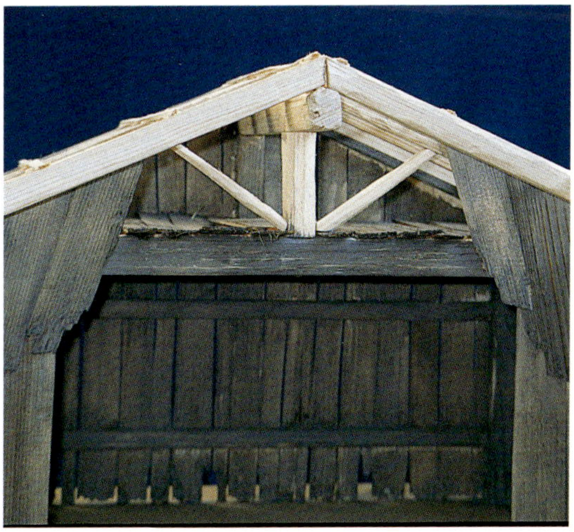

Anbringen der Holzverkleidung für den Bretterverschlag

1 Für den Bretterverschlag werden, wie auch später für die Dachschindeln, Obst- oder Salatkisten oder auch ein gebürstetes Profilbrett aus dem Baumarkt verwendet.

2 Für den Bretterverschlag werden mit einem Messer ca. 1 cm bis 2 cm breite Bretter zurechtgeschnitten, die mit Heißkleber an die Dachsparren, Querbalken und Pfetten geklebt werden.

3 Bei der Variante mit Bretterverschlag werden die beiden Mauern 17 und 18 mitverkleidet.

4 Auf der linken Stallseite ein ca. 6 cm breites Fenster frei lassen (siehe Bild, Seite 43). Die Querholme 16 unten und oben bilden den Fensterrahmen.

5 Die Vorderseite der Krippe können Sie beliebig offen gestalten.

6 Tragebalken, an denen Schrauben sichtbar sind, werden mitverkleidet.

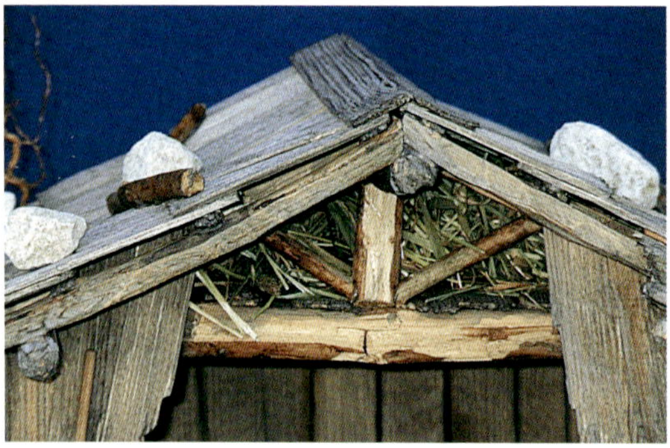

Dacheindeckung

1 Das Dach wird mit Schindeln eingedeckt. Dazu werden die gleichen Bretter wie für den Bretterverschlag verwendet. Für die Schindeln schneiden Sie 5 cm bis 6 cm breite Streifen zu, die dann auf die benötigten Längen abgebrochen werden. Vorher wird jedoch die Dachlattung auf die Sparren geklebt.

2 Als Dachlatten werden aus dem Material für den Bretterverschlag (ggf. Brettchen von Salatkisten) 0,5 bis 1 cm breite Streifen geschnitten. Sie werden dann mit Heißkleber quer über die gesamte Tiefe des Daches geklebt.

3 Jeweils auf der linken und rechten Dachseite am unteren Sparrenende einen durchgehenden Streifen aufkleben.

4 Jeweils einen Streifen links und rechts oben nahe des Firstes ankleben.

5 Einen Streifen am oberen Ende der beiden Sparren über dem Vorbau ankleben.

6 Auf der rechten Dachseite noch vier, auf der linken Dachseite noch drei Lattungen gleichmäßig verteilen.

7 Vorbereitete Dachschindeln mit Heißkleber auf die Dachlattung kleben.

8 Die Länge der Dachschindeln ergibt sich aus dem Abstand der Dachlatten plus 1 cm bis 2 cm.

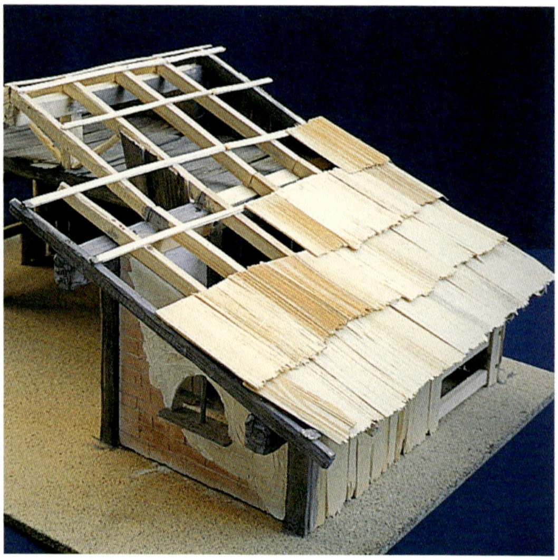

9 Dacheindeckung auf der rechten Dachseite mit der untersten Schindelreihe beginnen. Die Schindeln müssen auf den beiden unteren Latten aufliegen und sollen bis zum Sparrenende reichen. Schindel neben Schindel bis zum hinteren Sparren nebeneinander aufkleben.

10 Die zweite Schindelreihe vorne mit einer halben Schindel beginnen (zur Vermeidung eines durchlaufenden Stoßes), dabei wird die untere Schindel ca. 1 cm weit überlappt. Schindelreihen abwechselnd mit einer ganzen und einer halben Schindel beginnen.

11 Beide Seiten des Daches auf diese Weise eindecken.

12 Am First sollen die Schindeln der rechten und linken Dachhälfte zusammenstoßen.

13 Firstkappe z. B. aus einem halbierten Holunderast (ø ca. 2 cm), dessen Mark entfernt wurde, herstellen und über die gesamte Breite des Daches kleben.

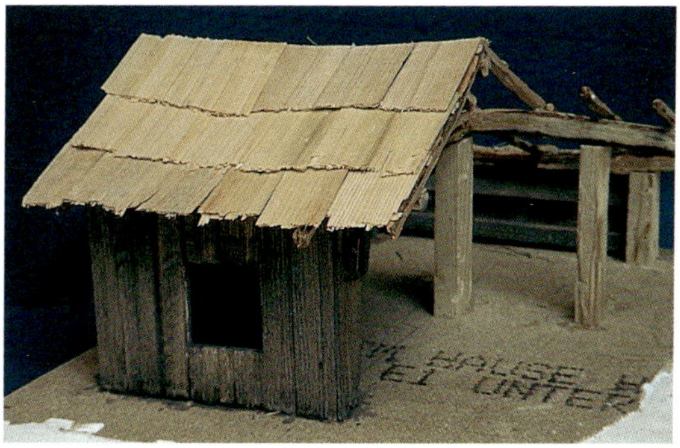

Fertigstellung für alle Varianten und Größen

1 Nach der Fertigstellung des Daches wird dieses zusammen mit dem Bretterverschlag gebeizt.

2 Die Anfertigung einer Tür für den Stall erfolgt auf die gleiche Art wie es auf den Umschlagklappen beschrieben ist.

3 Nach der Ausgestaltung der Grundplatte und des Daches (Seite 60) sowie weiterer Details ist die Krippe fertiggestellt.

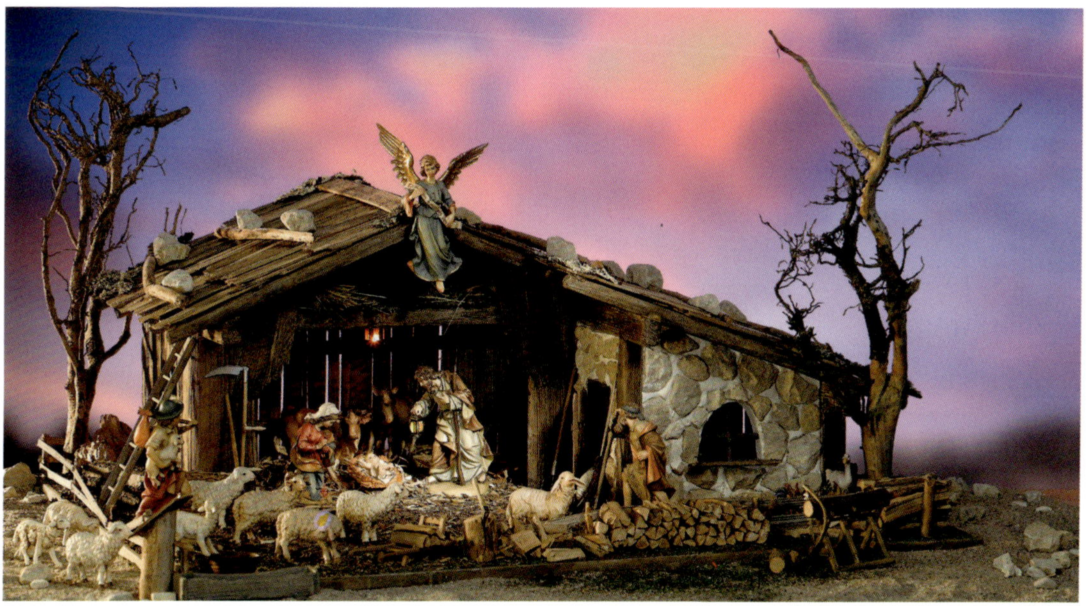

Krippe im Morgenrot, kleine Variante

Die kleinere Variante der Krippe unterscheiden sich lediglich in der Größe der Bauteile und in den Montagemaßen von dem größeren Modell. Daher ist für das kleinere Modell die nachfolgende Stückliste und die Montageskizze auf der Seite 46 maßgebend. Für die Montage wird jedoch auch die Anleitung für die größere Variante verwendet (siehe Seite 37 ff).

Für die kleinere Variante ist der Zeitaufwand und der Platzbedarf etwas geringer, als bei der größeren Variante. Natürlich kann auch der kleinere Krippenstall auf eine große Grundplatte gestellt werden.

Maße der Krippe: Die kleinere Krippe hat eine Breite von ca. 54 cm, eine Tiefe von 40 cm und eine Höhe von 24 cm (Stall ohne Grundplatte).

Die Grundplatte sollte nicht kleiner als 65 cm x 60 cm sein.

Krippenfiguren: Sie ist geeignet für Figuren von 8 cm bis 11 cm Höhe.

Zusätzlich kann jeder Krippenstall auf ein etwas erhöhtes Gelände gestellt werden. Lesen Sie dazu mehr in „Geländeoberfläche“ auf der Umschlagklappe.

Krippe im Morgenrot, kleine Variante mit Steinmauer

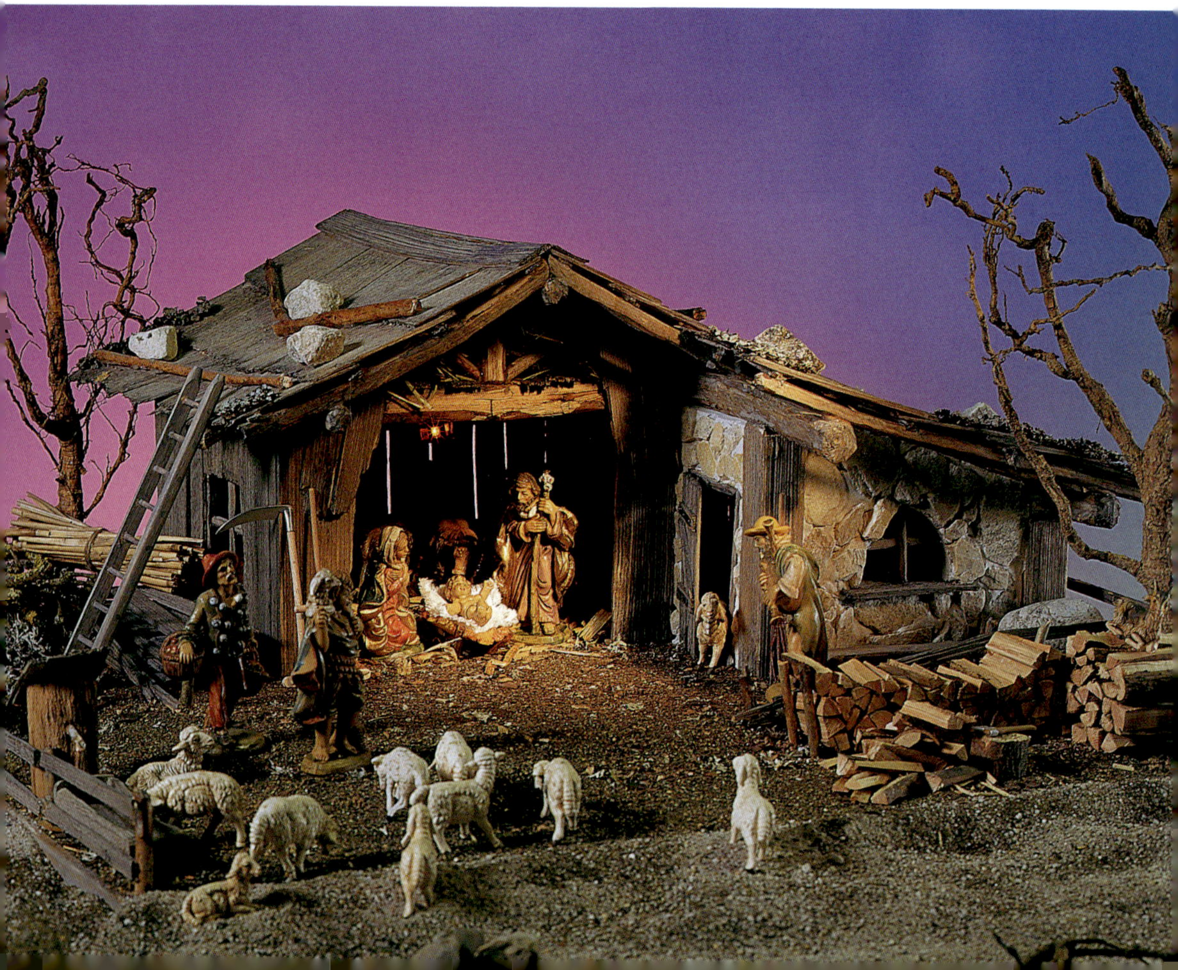

Montageskizze kleine Variante

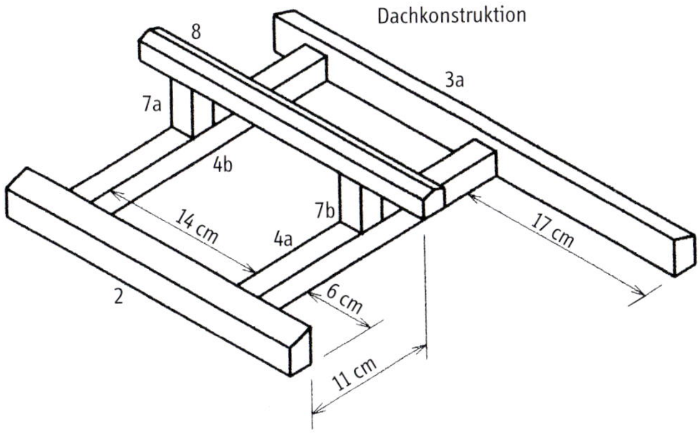

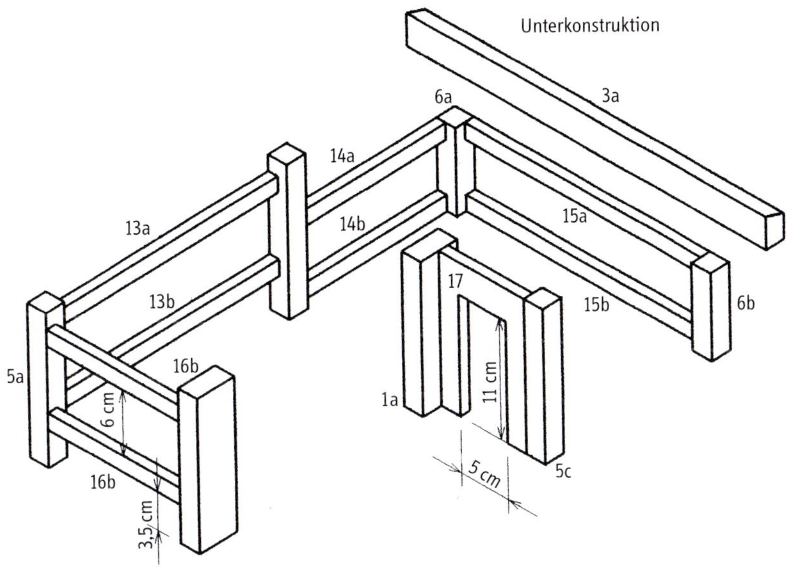

Alternative Stallwand 18

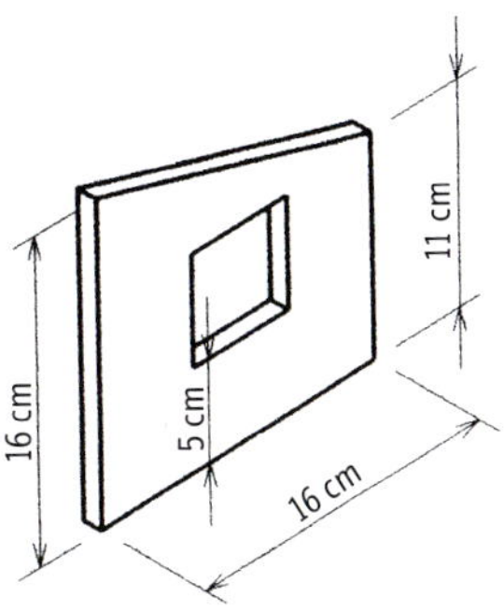

Stückliste für kleine Variante

Nr.	Bezeichnung	Profil/Material (Maße in cm)	Maße in cm	Anzahl
1	Tragebalken	Vierkant	2 x 4 x 14	2
2	Pfette	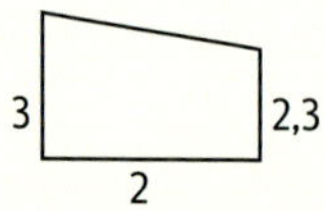	2 x 3 x 27	1
3	Pfette	wie Pfette Nr. 2	2 x 3 x 38	2
4	Querbalken	Vierkant	2 x 2 x 24	2
5	Tragebalken	Vierkant	2 x 2 x 14	3
6	Tragebalken	Vierkant	2 x 2 x 8	2
7	Firstträger	Vierkant	2 x 2 x 4	2
8	Firstbalken	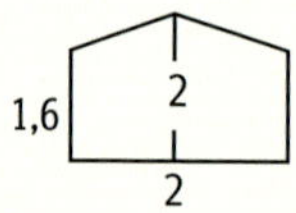	2 x 2 x 27	1
9	Strebe	Vierkant	1,5 x 1 x 5	2
10	Sparren	Vierkant	1,5 x 1 x 23	10
11	Sparren	Vierkant	1,5 x 1 x 25	5
12	Sparren	Vierkant	1,5 x 1 x 30	2
13	Querholm	Vierkant	1,5 x 1 x 24	2
14	Querholm	Vierkant	1,5 x 1 x 16	2
15	Querholm	Vierkant	1,5 x 1 x 25	2
16	Querholm	Vierkant	1,5 x 1 x 14	2
17	Stallwand	Brett	14 x 9 x 1	1
18	Stallwand	Brett	16 x 16 x 1	1
19	Randleiste	Vierkant	1,5 x 0,6 x 60	4
20	Grundplatte	Pressspan	50 x 60 x 0,8	1

MATERIAL

* Vierkant-Leisten in laufenden Metern
  2,0 cm x 4,0 cm, 0,3 lfm
  2,0 cm x 3,0 cm, 1,1 lfm
  2,0 cm x 2,0 cm, 1,4 lfm
  1,5 cm x 1,0 cm, 6,3 lfm
  1,5 cm x 0,6 cm, 3,0 lfm

Für die Variante mit Steinmauer (Seite 44) werden die in der Stückliste aufgeführten Stallwände 17 und 18 nicht benötigt.

Das Werkzeug und sonstige Material, das Sie benötigen, ist auf den Umschlagklappen aufgeführt.

Zusätzlich benötigen Sie für Holzverschläge und Dacheindeckung pro Krippe Bretter von ca. 4 bis 6 Salat- oder Obstkisten.

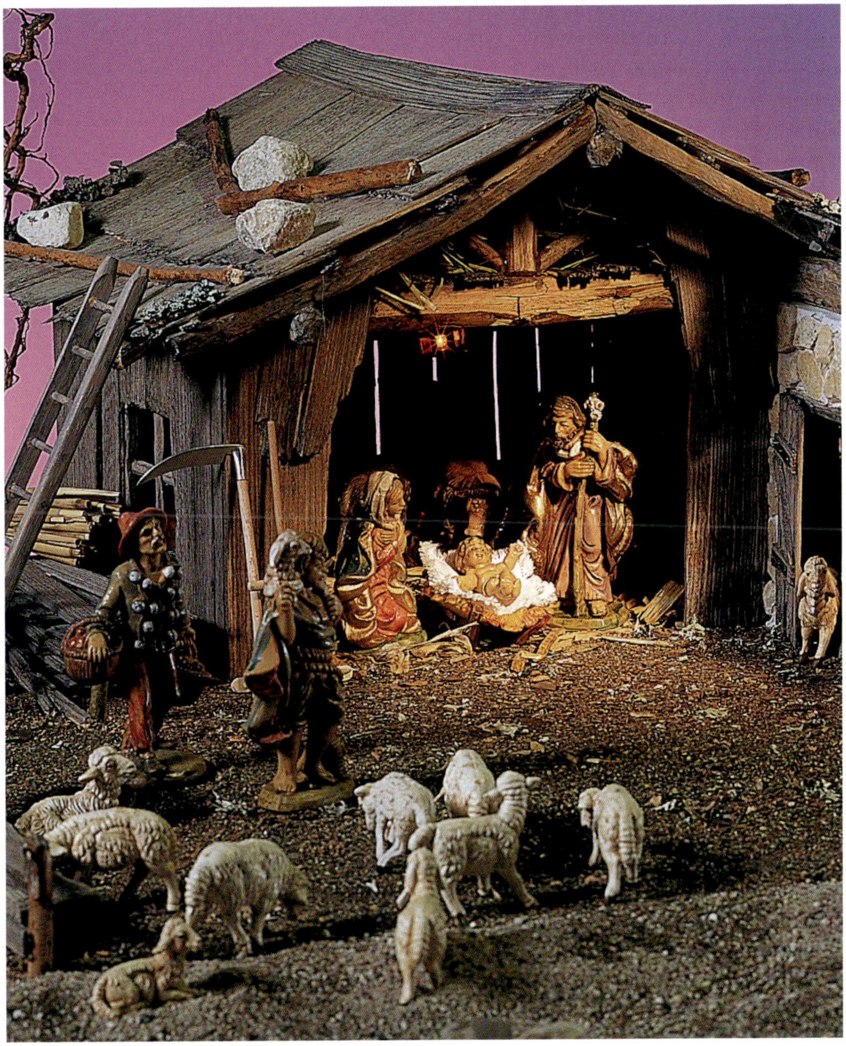

Krippe Brauneck

mit dem Blick für das Besondere

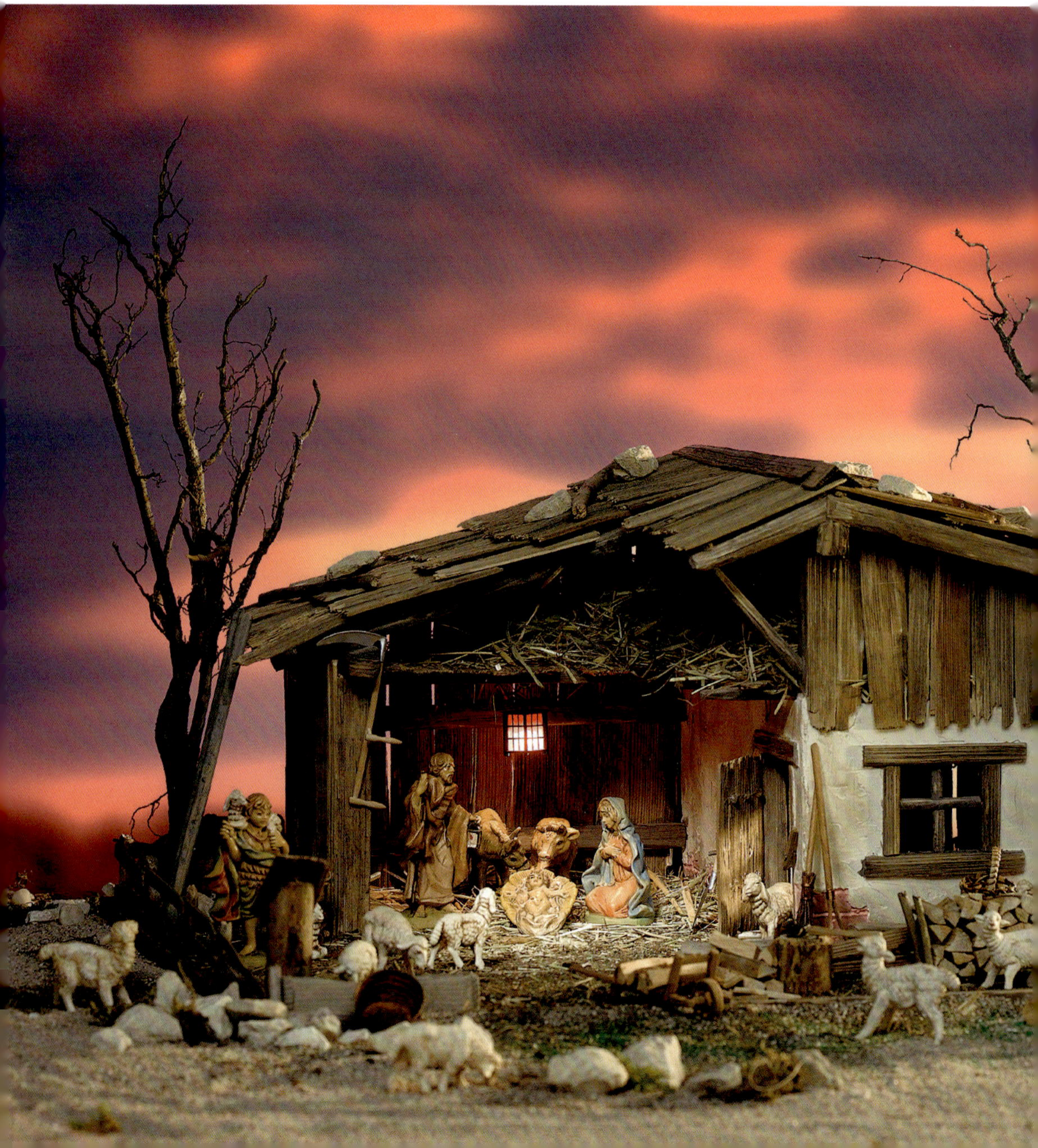

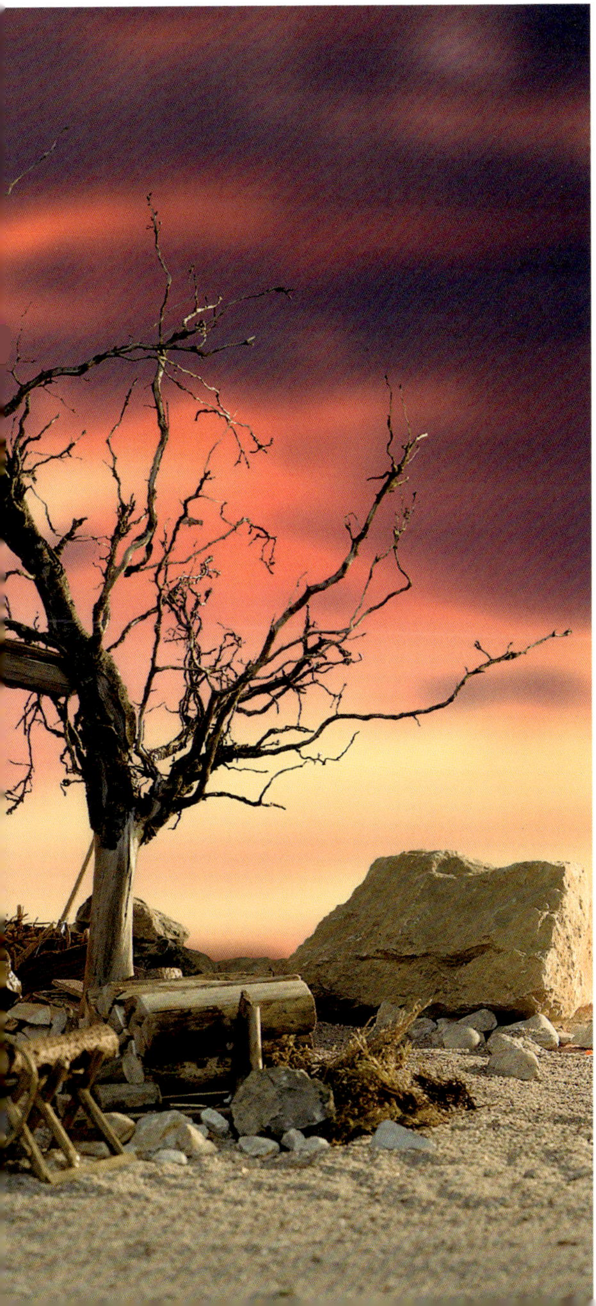

Variante mit Bretterverschlag

Die Krippe besteht aus einem Stallgebäude, einem darüber liegenden Heuboden sowie einer seitlich zurückversetzt angebrachten Scheune, die nach vorne offen ist. Das Satteldach ist als nach links verlaufendes Schleppdach ausgebildet und mit Schindeln eingedeckt.

Auch diese Krippe kann in **zwei** Varianten ausgeführt werden. Bei der einen Variante wurde der Stall als Mauerwerk dargestellt, während die rückwärtige Scheunenwand mit einem Bretterverschlag ausgestattet wurde (Bild auf dieser Doppelseite).

Bei der zweiten Variante wurde der ganze untere Bereich als Mauerwerk ausgebildet, wobei die Tragebalken sichtbar blieben (Bild Seite 57und 59f).

Der zeitliche Aufwand für den Bau der Krippe ist für beide Varianten etwa gleich.

Hinweis: **Komplette Bausätze können beim Autor bestellt werden (siehe Impressum Seite 64).**

Montageskizze Variante mit Bretterverschlag

MATERIAL

* Vierkant-Leisten in laufenden Metern
  2,2 cm x 2,2 cm, 1,9 lfm
  1,5 cm x 1,0 cm, 3,8 lfm
  1,0 cm x 1,0 cm, 0,35 lfm
  0,75 cm x 0,75 cm, 1,6 lfm
  1,0 cm x 0,5 cm, 1,4 lfm

Maße der Krippe: Diese Krippe ist bei beiden Varianten 43 cm breit, 29 cm tief und 28 cm hoch.

Die Größe der Grundplatte beträgt 65 cm x 55 cm x 1 cm (Pressspanplatte).

Krippenfiguren: Für beide Krippenvarianten eignen sich Figuren von 10 cm bis 12 cm Höhe. Das Werkzeug und sonstige Material, das Sie benötigen, ist auf den Umschlagklappen aufgeführt. Zusätzlich benötigen Sie für beide Varianten für Heuboden, Bretterverschlag und Dacheindeckung pro Krippe Bretter von ca. 4 bis 6 Obst- oder Salatkisten.

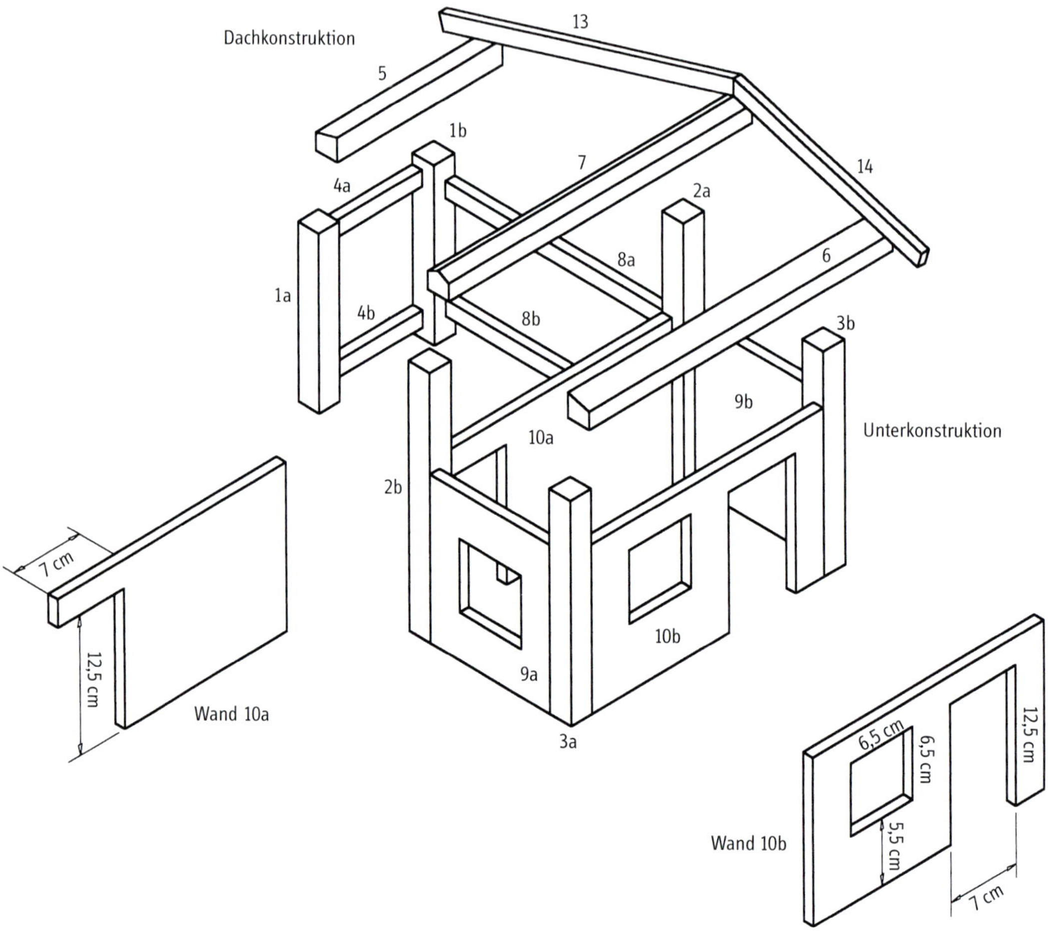

Stückliste für Varianten mit Mauerwerk bzw. Bretterverschlag

Nr.	Bezeichnung	Profil/Material (Maße in cm)	Maße in cm	Anzahl
1	Tragebalken	Vierkant	2,2 x 2,2 x 16	2
2	Tragebalken	Vierkant	2,2 x 2,2 x 24	2
3	Tragebalken	Vierkant	2,2 x 2,2 x 20	2
4 oder	Querholm Stallwand	Vierkant Pressspan	1,5 x 1 x 10 16 x 10 x 1	2 1
5	Pfette	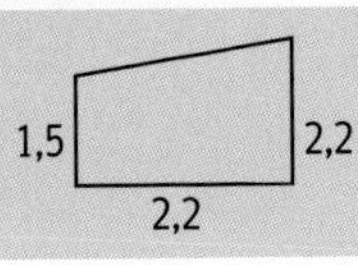	2,2 x 2,2 x 17,5	1
6	Pfette	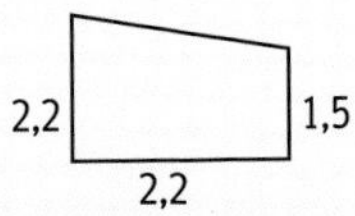	2,2 x 2,2 x 32	1
7	Firstbalken	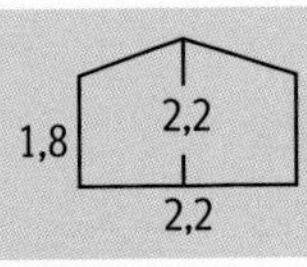	2,2 x 2,2 x 32	1
8 oder	Querholm Stallwand	Vierkant Pressspan	1,5 x 1 x 24 16 x 24 x 1 (dick)	2 1
9	Brett für Mauer	Pressspan	12,5 x 15 x 1	2
10	Brett für Mauer	Pressspan	24,5 x 15 x 1	2
11	Bodenbalken	Vierkant	0,75 x 0,75 x 21	3
12	Bodenbalken	Vierkant	0,75 x 0,75 x 43	2
13	Sparren	Vierkant	1,5 x 1 x 35	3
14	Sparren	Vierkant	1,5 x 1 x 24	5
15	Sparren	Vierkant	1,5 x 1 x 9	2
16	Stützbalken	Vierkant	1,5 x 1 x 9	1
17	Streben	Vierkant	1 x 1 x 11	3
18	Leisten für Fensterrahmen	Vierkant	1,5 x 0,5 x 35	2
19	Leisten für Türrahmen	Vierkant	1,5 x 0,5 x 35	2
20	Grundplatte	Pressspan	55 x 65 x 1	1
21	Leisten für Grundplatte	Vierkant	65 x 1,5 x 0,5	4

Montage Variante mit Bretterverschlag

Unterkonstruktion

1 Türen und Fenster aus den Stallwänden 9a, 10a und 10b aussägen (Maße siehe Montageskizze, Seite 50). Zum Ansetzen der Stichsäge wird in die Fenster zuerst eine Bohrung (ø ca. 8 mm) angebracht. Konturen der Fenster und Türen evtl. mit Holzraspel nacharbeiten.

2 Tragebalken 1a, 1b und 2a mit den Querholmen 4 und 8 verschrauben. Die Querholme werden hochformatig und außen bündig mit den Tragebalken eingebaut. Querholme mit Schrauben (35 mm x 3 mm) an die Tragebalken schrauben. Tragebalken vorher für Schrauben aufbohren (ø ca. 3 mm). Schraubenköpfe versenken. Etwas Holzleim beim Zusammenbau verwenden. Bei Querholmen 4 und 8 und Tragebalken 1b vor dem Zusammenbau alle sichtbaren Schnittkanten und Flächen mit Messer und Drahtbürste bearbeiten (vgl. Umschlagklappen).

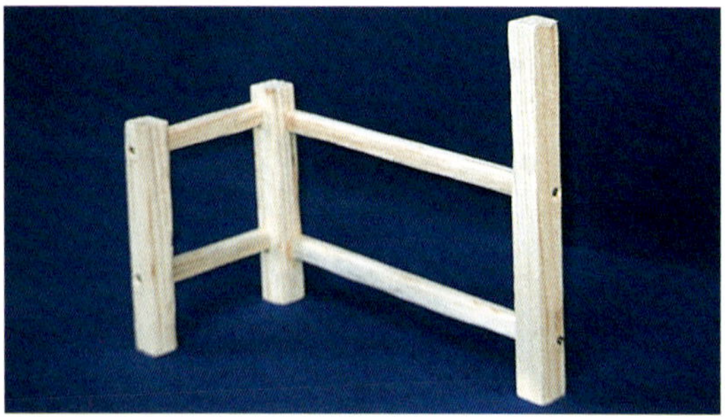

3 Den unteren Querholm 4b ca. 3 cm von der unteren Stirnseite der Tragebalken entfernt anbringen.

4 Den oberen Querholm 4a im Abstand von 1 cm von der oberen Stirnseite der beiden Tragebalken entfernt anbringen. Querholme 8 etwas versetzt anbringen.

5 Tragebalken 3a und 3b sowie 2b außen bündig mit den Stallwänden 9a, 9b, 10a und 10b verschrauben. Die Tragebalken dafür vorher für die Schrauben vorbohren (ø ca. 3 mm) und die Schraubenköpfe versenken. Dabei etwas Holzleim verwenden.

6 Tragebalken 2a mit jeweils zwei Schrauben an Stallwänden 9b und 10a befestigen.

7 Unterkonstruktion rechtwinklig ausrichten.

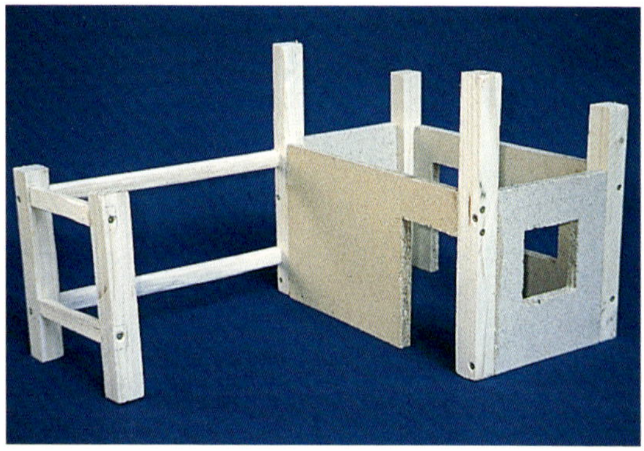

Dachkonstruktion

1 Pfetten 5 und 6 sowie Firstbalken 7 mit scharfem Messer oder Hobel in ganzer Länge anschrägen (Profil und Maße siehe Stückliste Seite 51).

2 Pfetten und Firstbalken auf die entsprechenden Tragebalken legen und mit diesen von oben verschrauben. Die Schnittkanten und -flächen der Pfettenenden und des Firstbalkens werden mit Messer und Drahtbürste bearbeitet. Der Überstand der Pfetten nach hinten beträgt ca. 1 cm.

3 Die Unterkonstruktion wird auf die Grundplatte geschraubt. Richten Sie dazu die Unterkonstruktion auf der Grundplatte aus und markieren Sie die Standorte der Tragebalken. Der Abstand zum hinteren und zum linken Plattenrand beträgt ca. 4 cm. Tragebalken von der Unterseite der Grundplatte anschrauben und Schraubenköpfe versenken.

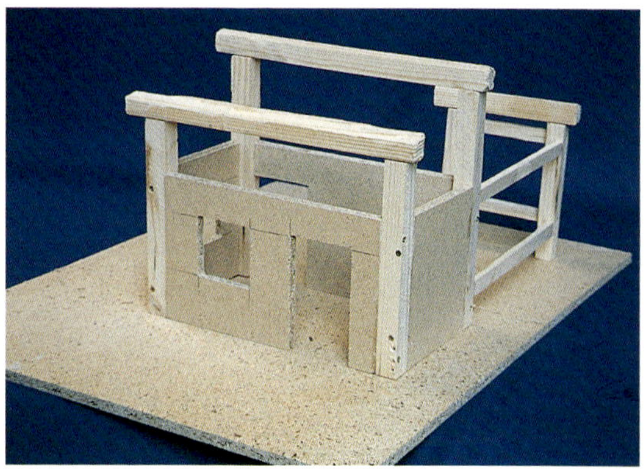

Stallmauern

1 Beide Stallwände 9 und 10 werden innen und außen mit einer ca. 2 mm dicken Gipsschicht bestrichen. Vorher werden die Wände mit wasserverdünntem Holzleim bestrichen. Moltofill (längere Verarbeitungszeit) mit Wasser cremig anrühren und reichlich Holzleim beimengen. Tragebalken bis zur Höhe des Mauerwerks mitverspachteln und anschließend trocknen lassen.

2 Wenn Teile des Mauerwerks – wie auf den Bildern zu sehen – wie Ziegelmauern aussehen sollen, so bestreichen Sie diese Bereiche nochmals mit vorher entsprechend abgetönter Gipsmasse. Nach dem Antrocknen werden dann mit einem spitzen Gegenstand Ziegelsteine als Mauerwerk nachgezeichnet. Nach dem erneuten Trocknen wird an den Übergängen zum bereits vorhandenen Mauerputz nochmals eine Gipsschicht aufgebracht.

3 Nach dem Trocknen der Stallwände werden sie außen patiniert (vgl. Umschlagklappen).

Einbau des Heubodens

1 Die beiden Bodenbalken 12 werden auf den Querholm 4a und die Stallmauern 10a und 10b gelegt und dort angeklebt. Ein Bodenbalken wird dabei neben den Tragebalken (1b, 2a und 3b) befestigt. Der zweite Bodenbalken wird neben den Tragebalken 1a geklebt und verläuft parallel zum anderen Bodenbalken.

2 Die drei Bodenbalken 11 parallel zu den Balken 12 auf die beiden Stallwände legen und festkleben. Lassen Sie sie über der Stallwand 10a ca. 6 cm überstehen. Die Überstände der Balken werden mit Messer und Bürste bearbeitet.

3 Nun wird der Bodenbelag (Heuboden) auf die Bodenbalken geklebt. Dafür werden 1 cm bis 2 cm breite Bretter von Obst- oder Salatkisten verwendet. Der Bodenbelag darf an den Stallwänden nicht überstehen. Decken Sie Stall und Scheune vollständig ein.

4 Zwischen dem Heuboden und dem Firstbalken in der Mitte den Stützbalken 16 einpassen und festkleben.

5 Streben 17 neben Stützbalken 16 schräg nach oben zum Firstbalken beliebig einkleben. Balken und Streben vorher mit Messer und Bürste bearbeiten.

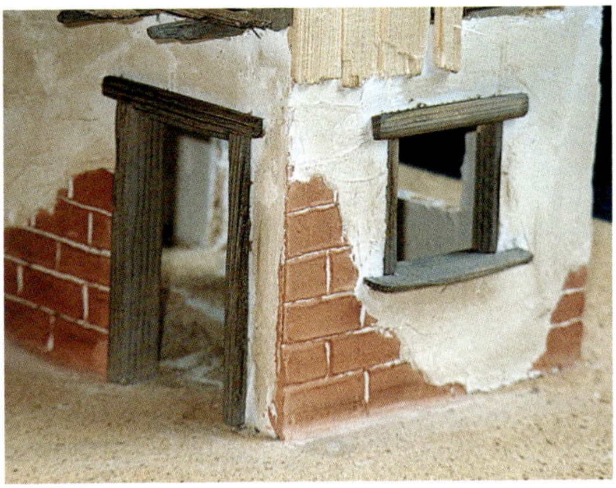

Heuboden mit Stützbalken

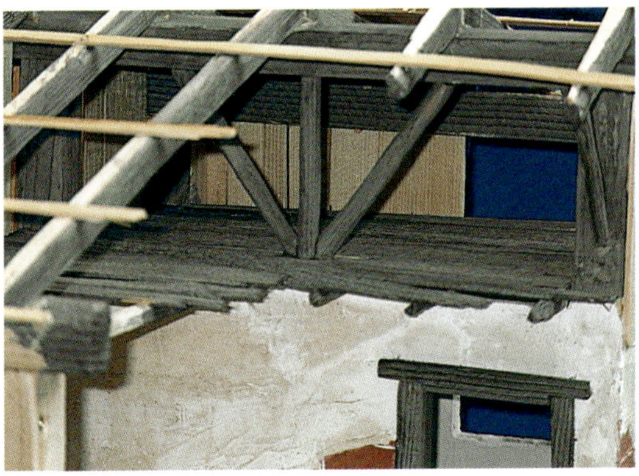

Anbringen der Dachsparren

1 Dachsparren 13 auf der linken Dachseite, Sparren 14 auf der rechten Dachseite hochkant auf den Firstbalken und die Pfetten legen und mit Heißkleber ankleben. Die Sparren bilden Pärchen. Sie werden an der Stirnseite so angeschrägt, dass sie bündig zusammenstoßen. Die Überstände der Sparren an den Pfetten betragen 3 cm bis 4 cm. Überstände mit Messer und Bürste bearbeiten. Hinteres Sparrenpaar über der Stallwand 9b und dem Querholm 8a anbringen. Der vordere Sparren 14 bildet außen eine Linie mit der Stallwand 9a. Vorderen Sparren 13 ca. 1 cm vom vorderen Pfettenende entfernt anbringen. Die restlichen Sparren 13 und 14 paarweise mittig anbringen.

2 Sparren 15 im vorderen Bereich des Stalles als Verlängerung der beiden Sparren 14 auf dem Firstbalken mit Heißkleber befestigen.

3 Zwischen dem vorderen Sparren 15 und dem Tragebalken 2b Strebe 17 schräg einpassen und festkleben.

4 Anschließend wird der fertige Rohbau gebeizt (vgl. Umschlagklappen). Die Beize sollte nicht zu satt aufgetragen werden. Nach dem Trocknen wird der Grauschleier mit feinem Schleifpapier entfernt.

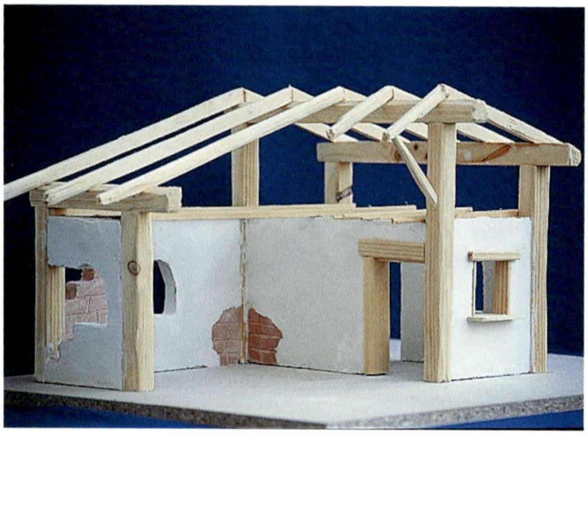

Anbringen des Bretterverschlags

1 Für den Bretterverschlag werden wieder Obst- oder Salatkisten oder ein entsprechend bearbeitetes Profilbrett verwendet.

2 Schneiden Sie die Bretter für den Verschlag in 1 cm bis 2 cm breite Streifen und vermeiden Sie dabei scharfe Kanten und gerade Schnittflächen. Bretter evtl. mit dem Messer nachbearbeiten.

3 Bretter für den Verschlag an Sparren bzw. Pfette sowie an der Mauer mit Heißkleber befestigen. Die Verkleidung darf dabei oben nicht über den Sparren hinausragen. Unten soll der Bretterverschlag die Oberkante der Stallwände ca. 1 cm überlappen und abgebrochen sein.

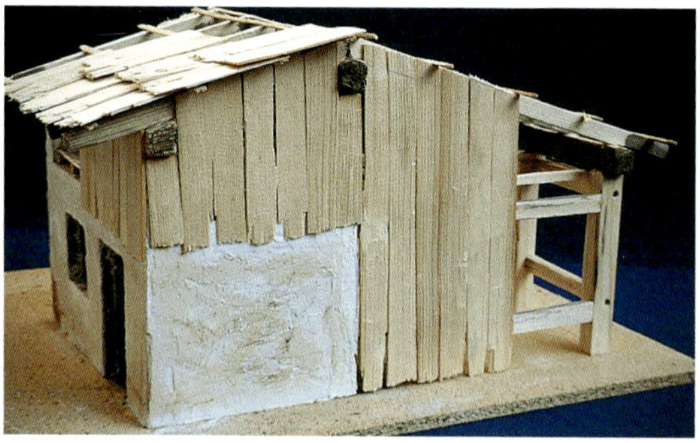

Rückansicht Variante mit Bretterverschlag

4 Auf der linken Stallseite werden die Bretter an Sparren, Pfetten und Querholme geklebt. Achten Sie darauf, dass Sie die Bretter unregelmäßig anbringen. Die Tragebalken werden mitverkleidet.

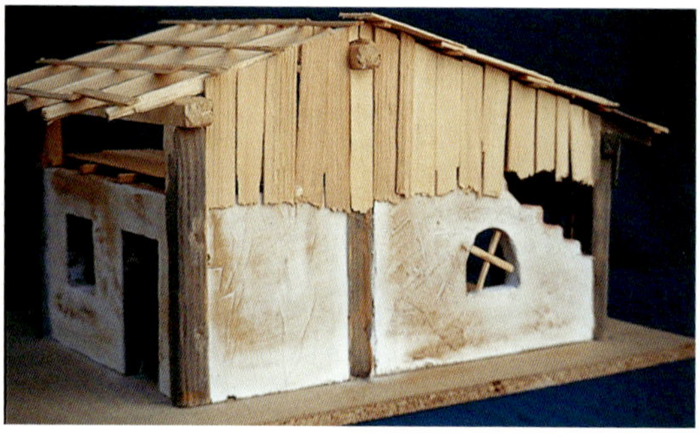

Rückansicht Variante mit Mauerwerk

Fenster- und Türrahmen

1 Die Fenster- und Türrahmen werden aus den Leisten 18 und 19 gefertigt. Messen Sie die Rahmen für die Fenster und Türen direkt am Original aus, schneiden Sie sie in der Länge entsprechend zu und bearbeiten Sie sie mit Messer und Schleifpapier.

2 Die Rahmen werden gebeizt und mit Heißkleber eingeklebt.

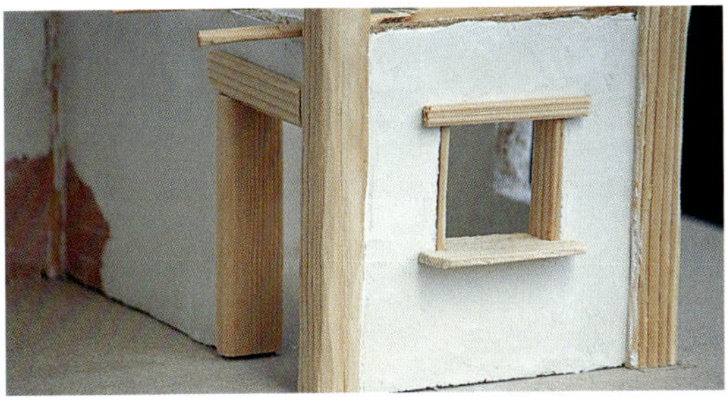

Fenster- und Türrahmen

Dacheindeckung

1 Für die Dachlattung werden möglichst dünne, ca. 1 cm breite Holzstreifen verwendet. Sehr gut geeignet sind Furnierreste, die man beim Schreiner erhält. Eine Lattung auf jeder Dachseite am unteren Sparrenende über die ganze Tiefe des Daches anbringen. Die Überstände hinten und vorne entsprechen dem Pfettenüberstand. Je eine Lattung wird direkt am First auf jeder Dachseite und eine Lattung wird auf der linken Dachseite am Ende der Sparren 15 angebracht. Auf jede Dachseite jeweils noch zwei Lattungen kleben (ausmitteln).

2 Nun werden aus Obst- oder Salatkisten gefertigte Dachschindeln auf die Dachlattung geklebt. Verwenden Sie für die Dachschindeln 4 cm bis 6 cm breite Brettchen. Eine Seite wird sauber abgesägt, die andere über eine Tischkante abgebrochen. Die Länge der Schindeln ergibt sich aus dem Abstand der Dachlatten zueinander plus 1 cm bis 2 cm (Überlappung).

3 Beginnen Sie mit der Eindeckung auf der rechten Dachseite mit der untersten Schindelreihe. Die Dachschindeln müssen auf den beiden unteren Dachlatten aufliegen und werden dort mit Heißkleber aufgeklebt. Zuerst wird die unterste Schindelreihe angebracht. Die zweite Schindelreihe beginnt vorne mit einer halben Schindel und überlappt die untere Reihe um 1 cm bis 2 cm. Beginnen Sie die anderen Schindelreihen abwechselnd mit einer halben und einer ganzen Dachschindel, damit ein durchlaufender Stoß vermieden wird.

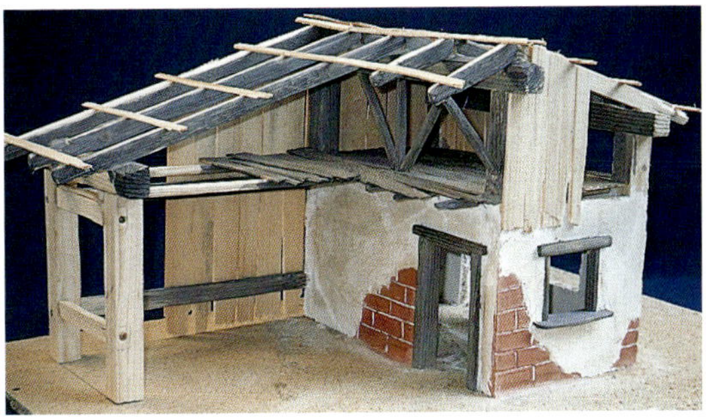

Dach mit Dachlattung

4 Decken Sie beide Dachhälften auf diese Weise ein. Die beiden obersten Schindelreihen stoßen am First zusammen.

5 Als Firstkappe einen halbierten Holunderzweig aufkleben. Dafür wird ein gerader Holunderzweig (ø ca. 2,5 cm) halbiert, das Mark entfernt und die eine Hälfte auf den First geklebt.

6 Dach und Bretterverschlag beizen.

7 Die Ausgestaltung des Daches ist auf Seite 60 ff. beschrieben.

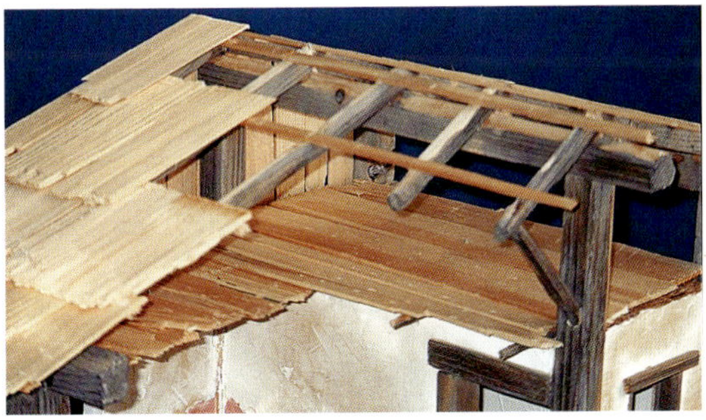

Gestaltung der Grundplatte

Die weitere Gestaltung der Grundplatte mit Streumaterial, Zaun, Holzstößen, Misthaufen und einem Baum sowie weitere Infos zur Ausgestaltung der Krippe finden Sie auf Seite 60 ff.

Variante mit Mauerwerk

Für die **Variante mit Mauerwerk** gilt die gleiche Stückliste wie für die Variante mit Bretterverschlag auf Seite 51. Es werden lediglich die Querholme 4 und 8 durch die Stallwände 4 und 8 ersetzt (siehe Stückliste Seite 51 und Montageskizze Seite 58).

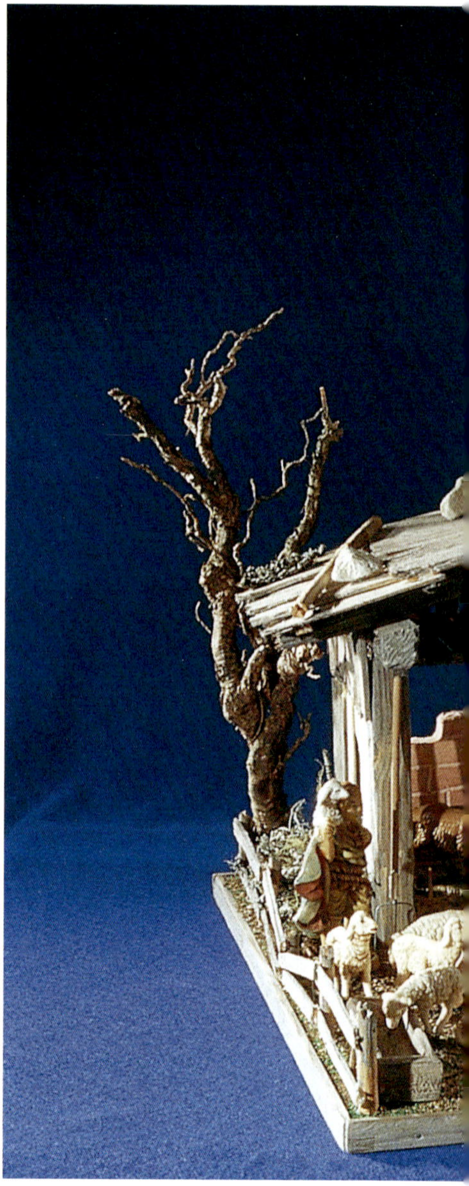

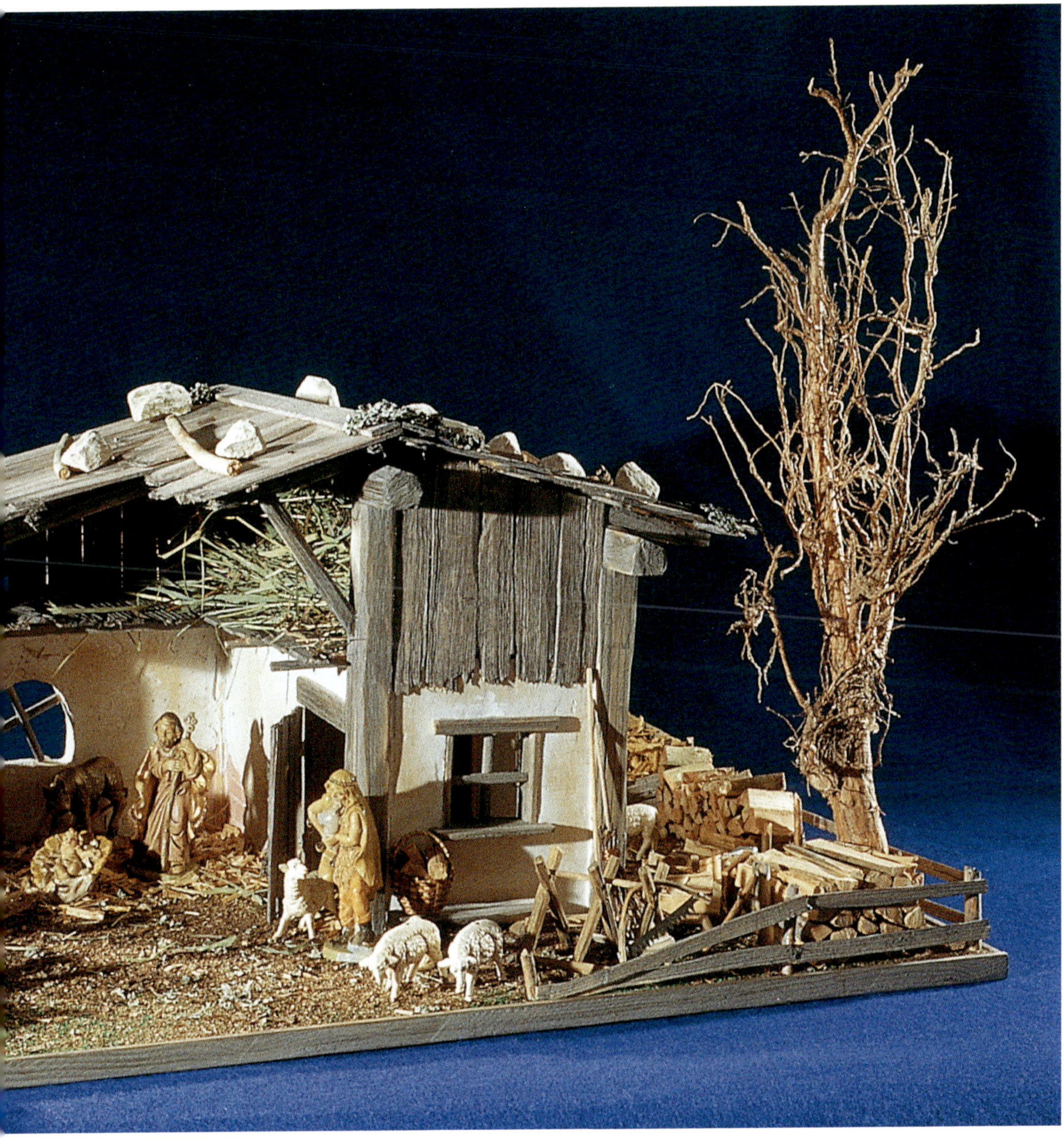

Montageskizze Variante mit Mauerwerk

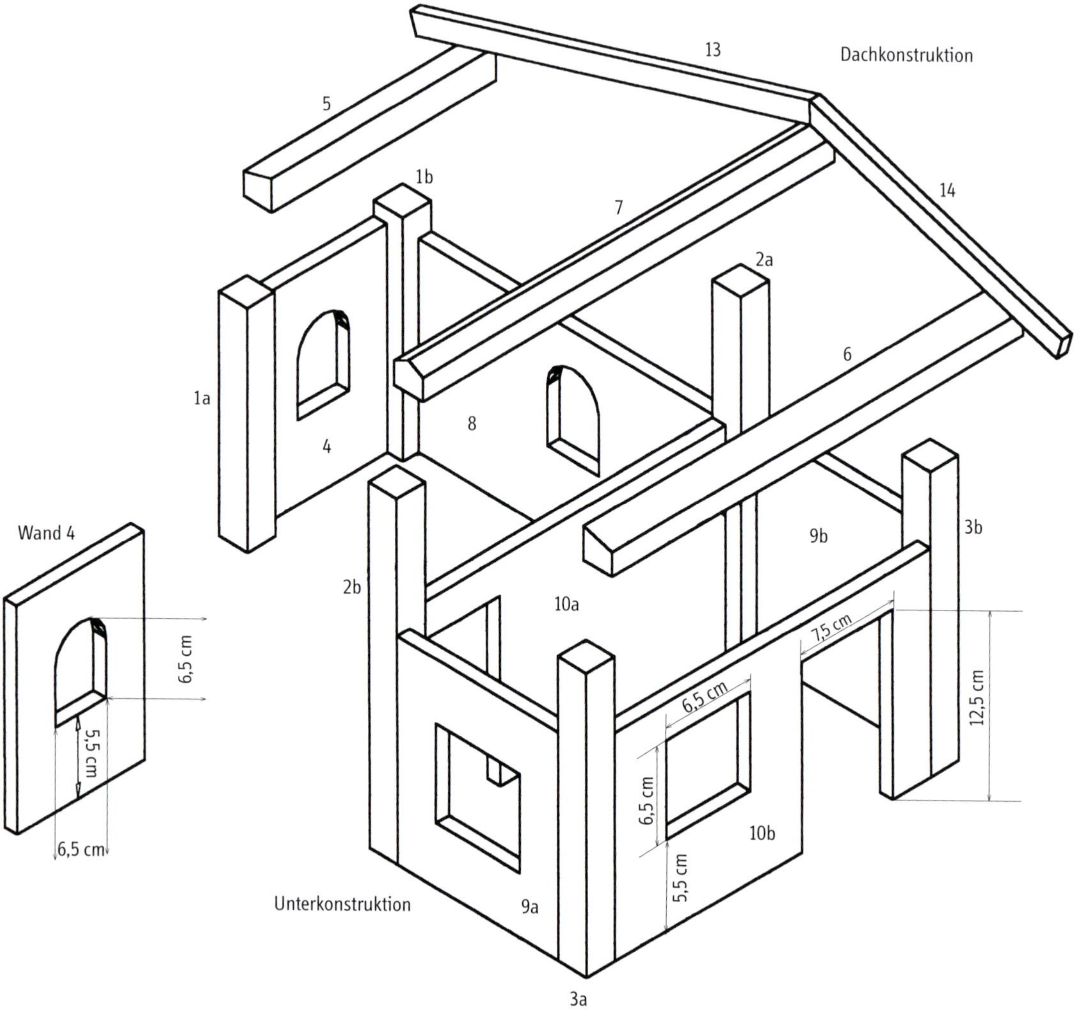

Montage Variante mit Mauerwerk

Unterkonstruktion

1 Die Montage der Unterkonstruktion erfolgt im Wesentlichen wie die Montage der Variante mit Bretterverschlag, wie sie ab Seite 52 ff. beschrieben ist.

2 Anstelle der Querholme 4 und 8 werden die beiden Stallwände 4 und 8 verwendet.

3 Vor dem Zusammenbau werden die Fenster und Türen aus den Wänden gesägt (Maße siehe Skizze). Für eine eingestürzte Mauer sägen Sie entsprechende Steinsegmente mit einer Stichsäge aus den Stallwänden 4 und 8.

4 Die Stallwände werden dann außen bündig mit den jeweiligen Tragebalken montiert. Wenn die Tragebalken des Stalles und der Tragebalken 1a sichtbar bleiben sollen, werden sie vor dem Gipsen der Stallwände mit rechtwinkligen Profilleisten
(20 mm x 20 mm), die im Baumarkt erhältlich sind, verkleidet. Die Profilleisten werden auf die entsprechende Länge geschnitten und die geraden Schnittflächen und Kanten werden mit einem scharfen Messer und einer Drahtbürste bearbeitet. Anschließend mit Heißkleber oder Holzleim an die Tragebalken kleben.

5 Beim Vergipsen der Stallwände können sie abgeklebt werden.

6 Der weitere Zusammenbau ist identisch mit der Variante mit Bretterverschlag (Seite 52 ff.).

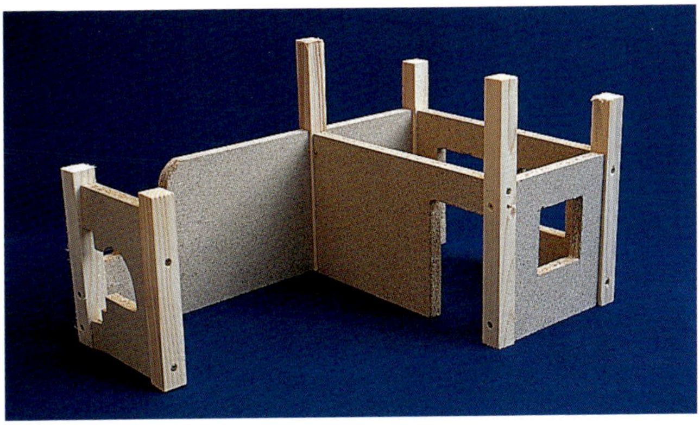

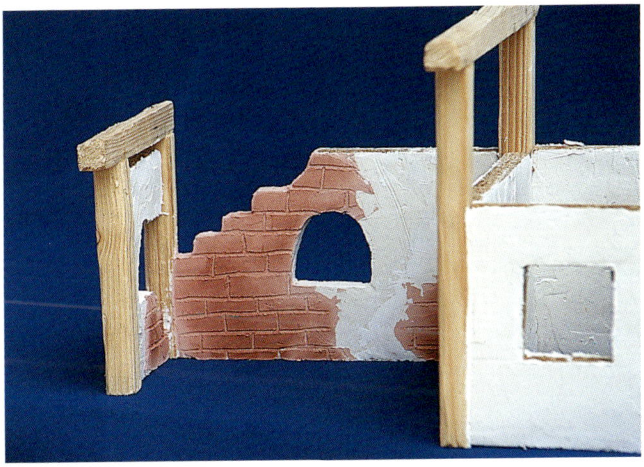

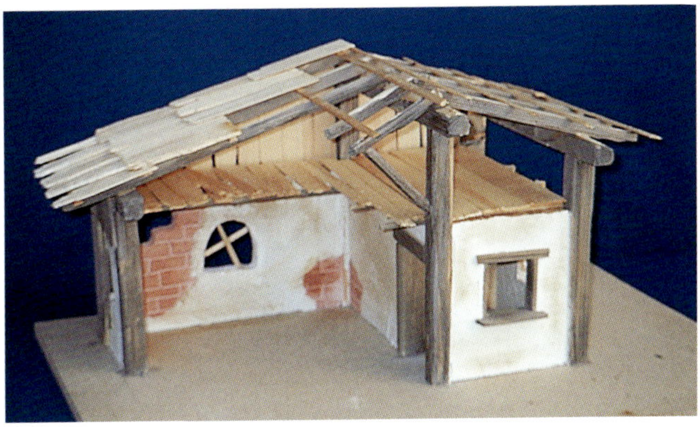

Die weitere Ausgestaltung der Krippen

Die sorgfältige und liebevolle Ausgestaltung der Grundplatte trägt wesentlich zum Gelingen Ihrer Krippe bei. Sie sollten daher auch die dafür notwendige Zeit aufwenden und Ihre eigene Fantasie einbringen. Wie soll der Boden gestaltet werden, wo soll ein Holzstoß aufgerichtet werden, ein Baum stehen oder der Brunnen mit Trog platziert werden? Der richtige Standort sollte vor Beginn der Ausgestaltung bereits festgelegt werden.

Gestaltung der Grundplatte

1 Die Schnittkanten der Grundplatte werden mit denen in der Stückliste dafür vorgesehenen Leisten verkleidet.

2 Die Leisten werden in die richtige Länge gebracht und bündig mit der Plattenunterseite – oben etwas überstehend – mit Holzleim und kleinen Nägeln auf den Schnittkanten befestigt. Bearbeiten Sie die Leisten mit Drahtbürste und Schleifpapier und beizen Sie sie anschließend.

3 Für Zaunpfähle werden am Rand der Grundplatte im Abstand von ca. 18 cm Löcher in die Grundplatte gebohrt (ø ca. 6 mm). Sie können auch Bohrungen für Pfähle von Holzstößen setzen. Wo ein Holzstoß angebracht wird, entscheiden Sie selbst.

Gestaltung der Oberfläche

1 Auf Geländeerhebungen auf der Grundplatte wurde bereits auf den Umschlagkappen hingewiesen. Zur weiteren Gestaltung des Bodens wird im inneren Bereich der Krippe (Stall und Scheune) auf dem Boden reichlich Holzleim aufgetragen.

2 Streuen Sie etwas mit einer Schere kurzgeschnittenes Stroh auf und drücken Sie es mit der flachen Hand etwas fest. Das Streumaterial kann auch einfach selbst hergestellt werden. Dazu werden ca. 1 Liter Sägespäne – ersatzweise aus Kleintierstreu – (Zoofachhandel, Drogeriemarkt) mit 20 bis 30 ml dunkler Farbe kräftig und intensiv vermischt, bis eine dunkle Streue entstanden ist.

3 Als Farbton empfehle ich Erdbraun, wobei an den Rändern etwas Grün eingestreut werden kann. Zusätzlich sollten noch etwas fein verriebene trockene Baumrinde und trockenes Baummoos aufgestreut werden.

Dachgestaltung

Auf das Dach können zum Beschweren der Dachschindeln Steine mit Heißkleber geklebt werden. Als Schneefang können am Ende der beiden Dachhälften ca. 1 cm starke, runde Äste aufgeklebt werden. Zur weiteren Ausgestaltung des Daches können Sie auch etwas Baummoos aufkleben.

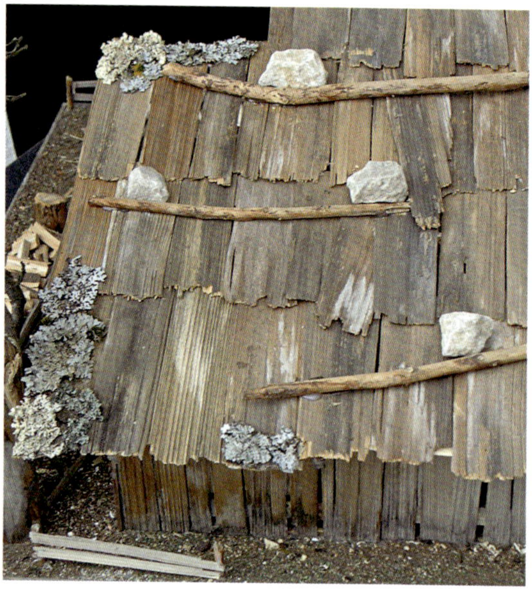

Elektrische Beleuchtung

Das Anbringen einer Stalllaterne wird bei der kleinen alpenländischen Krippe auf Seite 14 beschrieben.

Die Details

Diese Arbeiten erfordern etwas Geschick, Geduld und Liebe zum Detail. Wichtig bei der Herstellung der Kleingeräte, Holzstöße, Zäune usw. ist, die richtigen Größenverhältnisse zu finden und einzuhalten. Sie sind immer an der Größe der Krippe und an den Krippenfiguren auszurichten.

Bretterstapel

1 Für einen Bretterstapel können 1 cm bis 2 cm breite und 12 cm bis 14 cm lange Holzbrettchen aufgerichtet werden. Die Breite des Stapels sollte 7 cm bis 8 cm betragen.

2 Legen Sie zwischen die Stapel an beide Enden Querleisten, auf die die nächste Bretterschicht geklebt wird. Der Stapel sollte etwa fünf Bretterschichten umfassen. Bretterstapel nach dem Antrocknen mit Wachsbeize beizen.

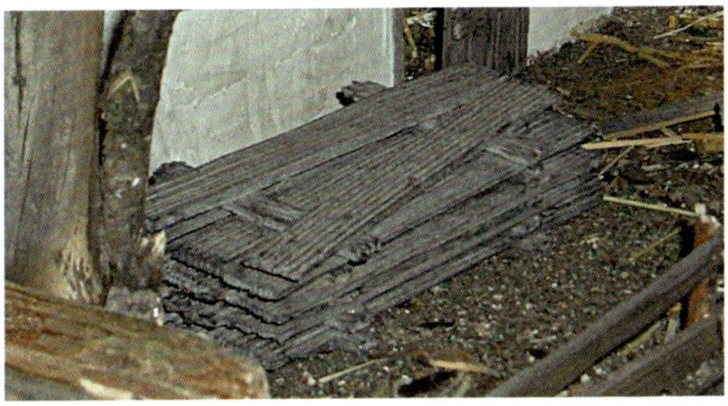

Hackklotz

Der Hackklotz kann ebenfalls aus einem 3 cm bis 4 cm starken, dürren Ast geschnitten werden. In der Höhe sollte der Hackklotz bis zu den Oberschenkeln der Figuren reichen.

Holzstoss

1 Zur Erstellung eines Holzstoßes sind Holzscheite notwendig, die man aus einem dürren Ast herstellt. Von diesem Ast werden mit einer Säge 3 cm bis 4 cm dicke Scheiben geschnitten und mit einem scharfen Messer zu Holzscheiten gespalten.

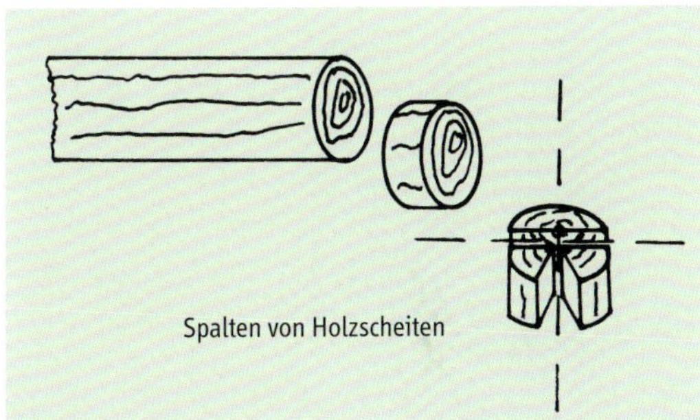

Spalten von Holzscheiten

2 Diese Scheite werden an der vorgesehenen Stelle zu einem Holzstoß aufgeschichtet. An den Enden des Holzstoßes werden jeweils zwei Pflöcke angebracht. Sie bestehen aus einem ca. 4 mm dicken, runden Zweig und werden in die Grundplatte gebohrt.

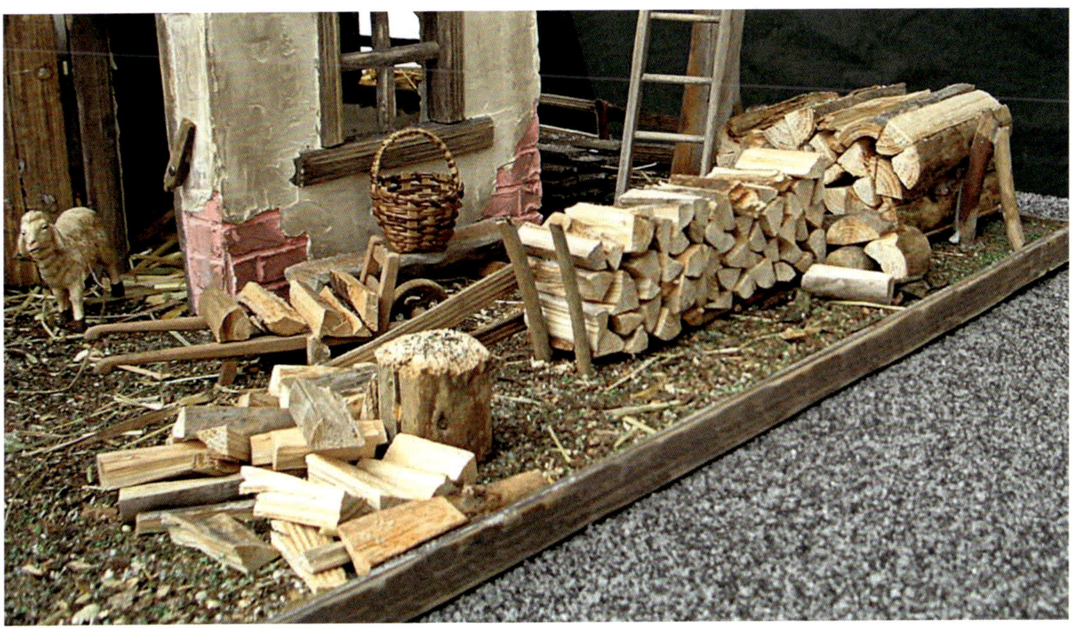

Baum

Als Bäume können Wurzeln verwendet werden, die man an Wurzelstöcken von entwurzelten Bäumen findet. Die Baumhöhe sollte in etwa der Krippenhöhe entsprechen. Der Baum wird an beliebiger Stelle von unten durch die Grundplatte angeschraubt.

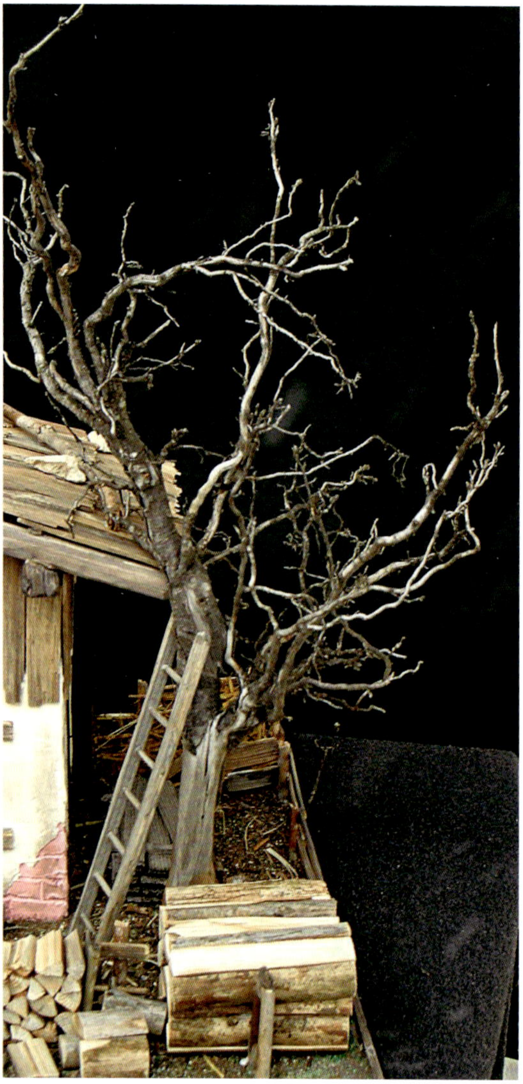

Zaun

1 Der Zaun wird am Rand der Grundplatte angebracht, kann jedoch auch bei entsprechend großer Grundplatte weiter hineingesetzt werden. Die Zaunpfähle, aus 5 mm bis 6 mm starken, dürren Zweigen gebrochen, werden in den dafür vorgesehenen Bohrungen in der Grundplatte mit etwas Heißkleber befestigt. Die Pfähle sollten nicht höher als 6 cm sein.

2 An die Pfähle, die im Abstand von ca. 18 cm gesetzt werden, werden außen dünne Holzstreifen geklebt, wie sie auch für die Dachlattung verwendet wurden. Anstelle dieser Holzstreifen können auch 3 mm bis 4 mm starke dürre Zweige aufgeklebt werden.

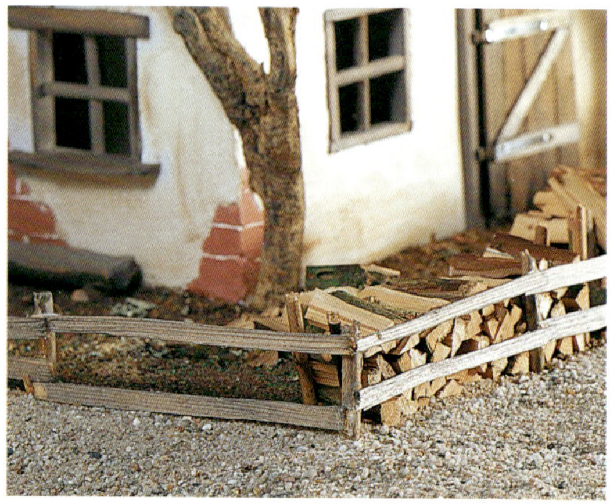

Bank

Für eine Bank, die vor dem Stallfenster platziert werden kann, wird ein 3 cm bis 4 cm dicker Ast in der Mitte durchgeschnitten. Die Schnittfläche und die Schnittkanten werden mit einem Messer bearbeitet. Auf der Unterseite der Bank werden zwei kurze Querleisten jeweils an das Ende des Astes geklebt.

Brunnen

1 Für einen Brunnen kann ein dürrer, möglichst gerader Ast verwendet werden, der 3 cm bis 4 cm dick sein sollte und in der Höhe den Figuren angepasst ist. Auf das obere Ende des Brunnens, das wie ein Dach schräg geschnitten ist, wird ein Holzdach geklebt. Als Wasserauslauf dient ein dünner, dürrer Zweig, der möglichst rechtwinklig gebogen ist und in ein vorgebohrtes Loch geklebt wird.

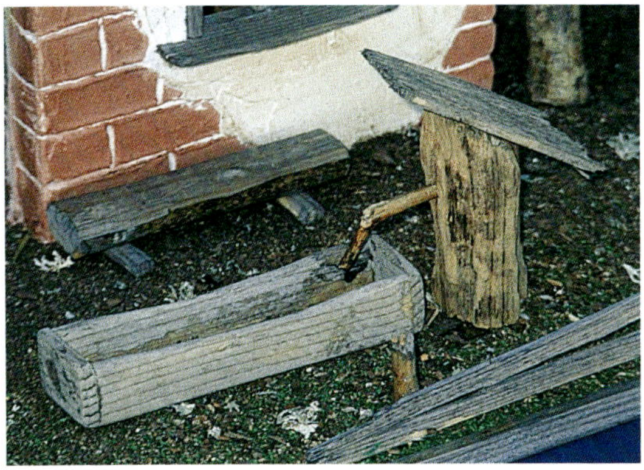

Wassertrog

1 Zur Herstellung eines Wassertrogs kann ein ca. 12 cm langer und ca. 3 cm dicker Holunderast verwendet werden, der an beiden Seiten ca. 1 cm vom Rand entfernt bis zur Hälfte seines Durchmessers mit einer Säge eingeschnitten wird. Das Holz zwischen den beiden Schnittstellen wird mit einem Messer vorsichtig entfernt, ebenso das in der Mitte befindliche Mark.

2 Zwei kurze, flache Leisten als Füße werden quer auf die Unterseiten des Trogs geklebt. Der Trog kann jedoch auch aus dünnen Brettchen gefertigt werden.

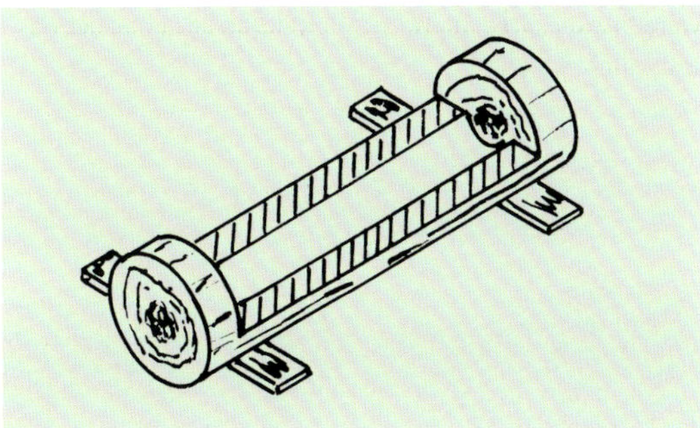

Treppe

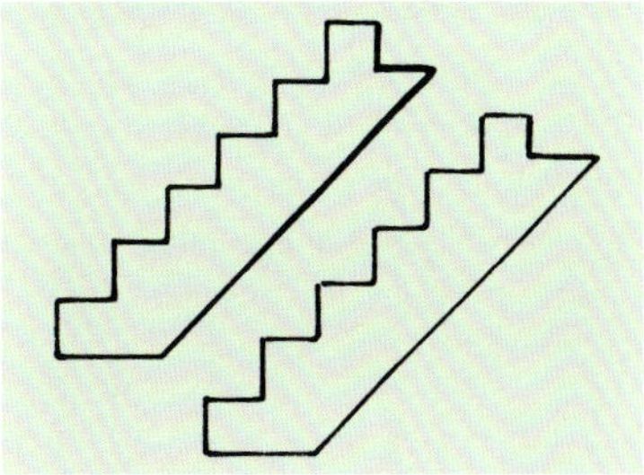

1 Für eine Treppe stellen Sie zwei der Skizze entsprechenden Wangen her. Die Treppenwangen werden im Abstand von 5 cm bis 6 cm parallel vom Boden schräg zum Treppenauftritt gelegt und festgeklebt.

2 Die beiden Treppenwangen werden mit den Treppenauftritten verbunden. Kleben Sie die Treppenauftritte an die Wangen.

Misthaufen

1 Dort, wo auf der Grundplatte entsprechender Platz vorhanden ist, kann ein Misthaufen errichtet werden.

2 Der Misthaufen wird auf drei Seiten eingezäunt, wobei die Umzäunung wie der Zaun gestaltet wird. Lediglich die Bretter sind etwas breiter als beim Zaun.

3 Für den Mist wird etwas Stroh in 1 cm bis 2 cm Länge geschnitten, in angerührtem Tapetenkleister eingeweicht und durchgeknetet. Diese Masse wird in der Umzäunung als Misthaufen aufgeschichtet.

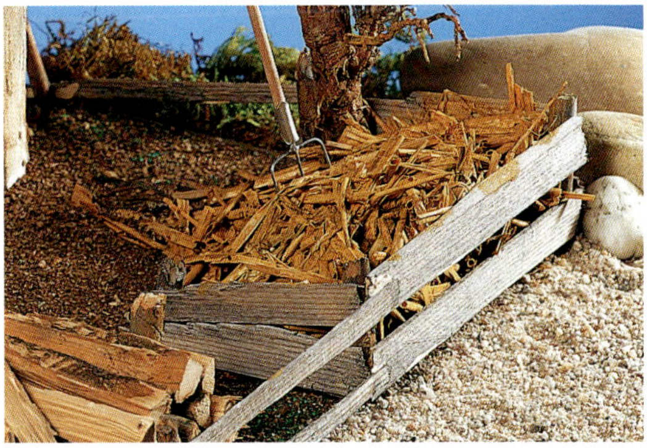

Sonstiges

Besen, Leiter, Karren, Rechen und sonstiges Kleingerät können mit etwas Geschick und Zeit selbst hergestellt oder auf Weihnachtsmärkten erworben werden.

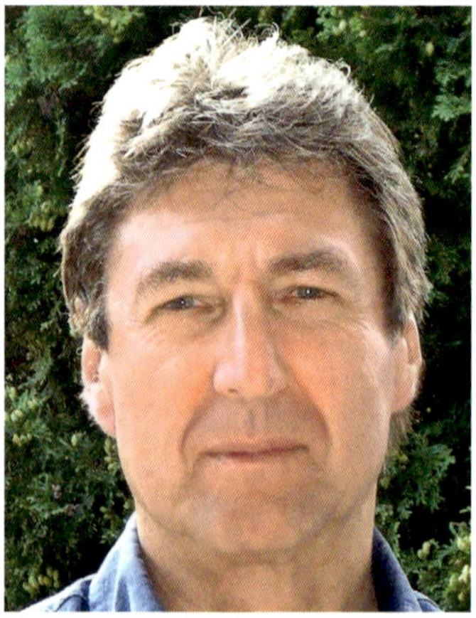

Karl-Heinz Reicheneder, Jahrgang 1949, wohnt und lebt mit seiner Familie in Oberbayern bei München. Er befasst sich seit mehr als 30 Jahren in seiner Freizeit mit dem Krippenbau und hat seither mehrere Krippenbücher verfasst.

Weitere Krippen und Bausätze für Krippen finden Sie unter www.bayerische-krippen.de, Karl-Heinz Reicheneder, Tel. 08441-84877.

TOPP – Unsere Servicegarantie

WIR SIND FÜR SIE DA! Bei Fragen zu unserem umfangreichen Programm oder Anregungen freuen wir uns über Ihren Anruf oder Ihre Post. Loben Sie uns, aber scheuen Sie sich auch nicht, Ihre Kritik mitzuteilen – sie hilft uns, ständig besser zu werden.

Bei Fragen zu einzelnen Materialien oder Techniken wenden Sie sich bitte an unseren Kreativservice, Frau Erika Noll.
mail@kreativ-service.info
Telefon 07 11 / 12 37 57 20

Das Produktmanagement erreichen Sie unter:
pm@frechverlag.de
oder:
frechverlag
Produktmanagement
Turbinenstraße 7
70499 Stuttgart
Telefon 07 11 / 8 30 86 68

LERNEN SIE UNS BESSER KENNEN! Fragen Sie Ihren Hobbyfach- oder Buchhändler nach unserem kostenlosen Magazin **Meine kreative Welt.** Darin entdecken Sie zweimal im Jahr die neuesten Kreativtrends und interessantesten Buchneuheiten.

Oder besuchen Sie uns im Internet! Unter **www.topp-kreativ.de** können Sie sich über unser umfangreiches Buchprogramm informieren, unsere Autoren kennenlernen sowie aktuelle Highlights und neue Kreativtechniken entdecken, kurz – die ganze Welt der Kreativität.

Kreativ immer up to date sind Sie mit unserem monatlichen **Newsletter**. Für aktuelle Infos, Gratis-Anleitungen und Gewinnspiele gleich anmelden unter www.TOPP-kreativ.de/Newsletter

IMPRESSUM

Erweiterte und überarbeitete Neuauflage von TOPP 3998

FOTOS: frechverlag GmbH, 70499 Stuttgart; Gisela Reicheneder (Krippe Seite 19 und alle Arbeitsschrittbilder); Fotostudio Ullrich & Co., Renningen (alle übrigen)

SKIZZEN: Andreas Reicheneder

PRODUKTMANAGEMENT UND LEKTORAT: Tanja Kasten

HERSTELLUNG/SATZ: Heike Köhl

DRUCK: POLYGRAF PRINT SPOL. S R.O.

1. Auflage 2021

ISBN 978-3-7724-4599-6 • Best.-Nr. 4599